「学び」をとめない
自治体の教育行政

コロナと自治体5

朝岡幸彦・山本由美 編著

自治体研究社

目次

「学び」をとめない自治体の教育行政

［コロナと自治体　5］

第1章　コロナ禍の下での教育・学習の権利と地方自治体　池上洋通　9
――日本国憲法の原則によるその展開のあり方
はじめに――生命の尊厳と学習・教育の権利　10
1　憲法の人権原則の確認①基本的な人権規定を中心に　12
2　憲法の人権原則の確認②憲法における権利保障の規定とその展開　21
3　憲法の教育権規定による教育・学習権保障と現実的な問題への提起　25
4　「一斉休校」は憲法違反の行為である　28
5　地方自治制度の意義と「基礎的自治体最優先」の原則の実現　33
第2章　新型コロナ感染症に教育はどう向き合ったのか　朝岡幸彦　39
1　パンデミック下における医療資源の「配分と倫理」問題　40
2　学校一斉休校と学校における防疫指針　54
3　「学ぶ」権利を制限することは許されるのか　61

第3章　新型コロナ禍の公民館・図書館・自然学校の取り組み　65

1　新型コロナウイルス感染症拡大にともなう公民館の模索　伊東静一　66
——試される「公民館の底力」
1　公民館って何をするところ　67
2　新型コロナウイルス感染症の拡大に対応した東京多摩地域の公民館　68
3　公民館における新型コロナウイルス感染症対応の事例　76
4　「公民館の底力」が試されている　78

2　新型コロナウイルス感染症と「図書館」　呉服淳二郎　80
——どうしなやかにまなびつづけるか
1　しなやかに、「つながる」ということ　81
2　まなび、考える、動くということ、そして生かすということ　85
3　2021年5月、今、私たちに課せられている現実　87

3　小規模自治体×自然学校NPOの挑戦　辻　英之　91
——今こそ教育立村へ

1　魂の言葉――「貧すれど貪せず」　91
2　疲弊しきった山村に希望の灯がともる　92
3　自然学校NPOの経営が壊滅的に　94
4　小規模自治体の英断　95
5　政策的な土台を丁寧に築いてきたからこそ　97
6　自律の学びを今に承継する　99
7　35年をかけた「学びの政策」　100
8　今こそ「未来への熱意」が試されている――「貧すれど貪せず」　101

第4章　アメリカにおけるコロナ禍の学校再開――シカゴ教員組合の事例を中心に　山本由美　103

1　教員組合の方針により異なる再開率　107
2　コロナ保障、休業中の親に対する法的補償　108
3　BLM、根本的な社会問題が明らかに　111
4　社会的正義をめざす教員組合　113
5　持続可能なコミュニティ・スクールの獲得　115

6　当局による学校再開の延期と紛争化　117
7　1月12日の段階的再開と紛糾　120
8　組合の詳細な教育要求が実現　122
9　日本と比較してみると…災害便乗型オンライン授業　125
10　数少ない「崇高なもの」の実現、少人数学級　128

第１章

コロナ禍の下での教育・学習の権利と地方自治体

――日本国憲法の原則によるその展開のあり方

池上洋通

NPO 法人グリーンウッド自然体験教育センター提供

はじめに――生命の尊厳と学習・教育の権利

江戸時代から伝わるわらべ歌「通りゃんせ」の一節に、「この子の七つのお祝いに、お札を納めにまいります」とあります。「子どもが七歳になったので、お札をいうために神様にお参りするのです」という意味です。庶民の暮らしにおいて、乳幼児を育てることがいかに困難であったかが、伝わってきます。

しかしその困難は、明治以後にも続いていました。それを端的に示すものに、新生児・乳児の死亡率があります。「新生児」とは生まれて28日までの子ども、「乳児」とは1歳未満の子どものことです。そこで、次の数字を見て下さい。

新生児死亡率　ア7・79％↓イ3・14％↓ウ0・09％

乳児死亡率　ア15・38％↓イ7・67％↓ウ0・19％

＊ア＝1899（明治32）年、イ＝1947（昭和22）年、ウ＝2019（平成31）年

日本における120年間の努力が花開き、いま日本はいずれの死亡率でも世界最低の水準です。長寿国日本の実現も、じつはこれらの数字が示す実績の上にあるのです。

死亡率を引き下げた要因とは

新生児・乳児の死亡率を引き下げてきた要因は、次の3つの努力です。
第1は、妊産婦・出生児の食品と栄養価の確保と子育て環境の改善です。
第2は、助産師、保健師などの妊産婦に対するケア・指導水準の向上です。
第3は、国民全体の学習・教育の水準の向上による公衆衛生意識の向上です。

コロナ禍での公衆衛生意識の役割

そしていま、世界的に広がるコロナ禍の下で、先進国と呼ばれる国々の中で、日本の感染者率が低いことが注目されていますが、私は、マスク着用率が高いことなどに示される、国民の公衆衛生意識が大きな力になっていると見ています。その最も大きな要因は、日本国憲法の下での保健所・保健師を先頭にした家庭訪問と地域活動による住民への啓発・教育活動、それと連動した小学校・中学校に常駐する養護教員による健康ケア、健康教育の日常化です。

あらわになってきた各分野の課題

しかし一方、コロナ禍によって、日本の政治と行政・経済・社会的プログラムの持つ問題点もあらわになり、例えば公衆衛生の基礎的機関である保健所の数が減らされたことが、感染対応の検査やその集計分析、あるいはワクチン接種の体制づくりの遅れを生み出した要因になっています。

コロナ禍の下での問題の多発は、学校教育・社会教育の分野も同じです。何よりも、政府による「一斉休校」の持った意味は何であったのかが、いまあらためて問われています。そして学校教育の現場では、教員たちの疲労が目立つようになり、教育の主体である子どもたちへの負担や自殺率の増大までも指摘されています。

それらの課題を追及する本書の各章では、教育全体がコロナ禍にどう向き合ったのかの解明をはじめとして、教育各分野について専門家のみなさんが報告・検討をされており、さらにアメリカからの報告も加えて、あるべき視野を確保しているものと確信しております。そこでこの章では、コロナ禍の下での「一斉休校」に見られる政策決定や、あらためて浮かび上がった教育政策の現場的課題について、原則的な位置から考えることにしました。

その場合の方法の基準は、日本国憲法（以下では「憲法」）の原則と、地方自治体における学校、公民館・図書館その他の各教育機関を教育行政の主体とする観点です。そしてそれらの機関による「教育・学習の権利の保障」の原則を確認することを目指しています。

1　憲法の人権原則の確認①基本的な人権規定を中心に

そこでまず、コロナ禍の下で、特に意識したい憲法原則から、始めることにします。

憲法は、日本の国家主権を統治する主権者を国民として、次の2つの基本的な国家目標を明らかにしました。

●第2章・9条に示される「戦力［対外的武力＝軍隊］の放棄」と「交戦権［他国との戦闘行為の権利・権限］の否認」による恒久平和の実現

●第3章を基軸として、憲法全体に広がる「基本的人権の保障」

ここでは（憲法第2章を前提として）前記の課題に対するために、第3章の13条から始まるいくつかの条や章を、やや踏み込んで理解しておくことにします。

(1)「個人の尊重」から始まる根本理念――憲法第13条

◇憲法第13条【個人主義、生命・自由・幸福追求の権利と国政の最大尊重義務】

「すべて国民は、個人として尊重される。生命、自由及び幸福追求に対する国民の権利については、公共の福祉に反しない限り、立法その他の国政の上で、最大の尊重を必要とする」

この条文を3つの部分に分けて読むことにします。

「個人の尊重」による全体主義の否定

まず第1は、「すべて国民は、個人として尊重される」という規定です。

ここでいう「個人として」の規定は、「人一般として」国民をとらえるのではなく、性別・年齢などに関わりなく「個人」を平等・対等に位置づけ、その尊厳を明記したものです。これは「憲法全体が、個人主義の原則に立つこと」の宣言であり、「全体主義」による思想と支配を真っ向から否定するものでした。

日本において、全体主義が国政を支配したのは、昭和期の、特に1931～45年のいわゆる「15年戦争期＝満州事変～アジア・太平洋戦争期」であり、[*1]全国民を戦争へかり立てる「総動員体制」を正当化した国家思想が、全体主義でした。

その端的な例を学校教育に見るなら、1941（昭和16）年に、明治以来の「小学校」を「国民学校」という名称に変えた例があります。そのときに文部省が出した「国民学校令」の第1条を現代語訳で示すと次のようになります。

「国民学校は、皇国の道にのっとり、初等普通教育を施し、国民の基礎的錬成を行うことを目的とする」――これを意訳しますと、「教育勅語が示した、天皇制国家のために働き生きる国民として、子どもたちを鍛えあげることを目的に、国民学校をつくる」ということになります。そこには、子ども各個人の主体性や個性を見る視点は、全くありませんでした。

憲法第13条は、こうした「全体主義」の理念を正面から否定したのです。

(2) 生命、自由、幸福追求の権利とは

同条は次に、「生命」「自由」「幸福追求」の権利を掲げました。これもまた、憲法の人権規定全体の根本を示すものです。

生命の権利

第13条はまず「生命の権利」を掲げます。しかし、個人主義を土台にするのであれば「自由権」を第1にすべきではないか、という指摘があり得ます。事実、近代市民革命の典型的理念を示すとされるフランス革命の「人権宣言」は、その第1条に「人は、自由、かつ、権利において平等なものとして生まれ、生存する」と記していました。これに対して日本の憲法第13条は、「自由権」の前に「生命権」を掲げたのです。

私はこの規定を、第9条「恒久平和の実現」の国家理念とつながるもの、と理解しています。第2次大戦全体の死者数を「6000万人～8500万人」とする国際機関の報告がありますが、日本だけでも300万人を超えたとされています。そしてまた、日本軍によって多数の生命を奪われた国々・地域があります。そこで大日本帝国の兵士らが行ったことは、「皇国の道にのっとった大量殺人」でした。これらの経験を振り返るなら、「個人の尊重」による全体主義の否定が、何よりもまず「生命の権利」につながったことは、当然のことと理解できるのです。

そしてコロナ禍の下でいま、「生命の権利」への自覚が、あらためて求められています。

自由の権利

そこで第2に「自由の権利」です。その獲得が、世界史的な近代市民革命の目的であったことは先に述べたとおりです。日本においても「自由権の保障」は、日本近代史における思想統制・運動への弾圧の経験と直結するものとしても理解しなければならないでしょう。１８８０年代の自由民権運動に対する弾圧、１９１０〜１１年の大逆事件、１９２３年の関東大震災時の人民運動への弾圧、そして１９３３年の小林多喜二の虐殺にはじまる「15年戦争期」の全学問・文化分野の統制・弾圧、などなど…。

そして、それは教育における「自由な個人」の全面否定でした。例えば１９３７年に文部省から出版され、１９４５年までの「修身教科書」の基本になった『国体の本義』には、次のように書かれていました。（仮名・漢字は改めてある）

「そもそも、どのようにして近代西洋思想が民主主義・社会主義・共産主義・無政府主義等を生んだかを考察すると…その根底には個人主義的人生観[*2]があることを知るのである」「この傾向を是正するには、我が国の教育の根源である国体の真義を明らかにして、個人主義思想と抽象的思考の清算に努力するほかはない」

幸福追求の権利――自己実現の権利

第13条は次いで、「幸福追求の権利」を掲げました。誰もが「自分自身の幸福」を追求できる、という権利です。

そこで「個人の尊重」を大前提に、「生命の権利」「自由の権利」が保障されたうえでの「幸福」とは何か、が問われます。それは、各個人の人生における「自己実現」のことです。各個人が自分自身の人生目標を自由に立て、その実現をめざして生きていくことを「幸福」としてとらえ、各個人におけるその追求を権利とする―これこそが個人主義による人権展開のすがたです。

例えば、いま社会的課題になっている「ＬＧＢＴ」についても、この観点から考えると「当たり前」になるでしょう。つまり「幸福追求の権利」は、抽象的なものではなく、「一人一人の人生の現場で具体化する、自己実現の権利」のことなのです。

学習と教育が、個人ごとの権利となるとき

ここで、本書のテーマ「教育」との関連で明確にしておきたいことがあります。それは、自己実現を各自の権利としてとらえるとき、その具体化には、すべての個人のための「教育と学習の権利」が必要条件になるということです。

各個人が自身の人生を計画するときそれぞれの目標を達成するためには、そのための知性・感性あるいは身体がなければなりません。それはまず、個々の生涯において自然的に得られるものですが（そして各個人の「個性」の基礎を形成するのですが）、それを土台としつつ、個人ごとの条件による「学び」によって得られるものです。

この論稿では、その「学び」について、一定の社会的システムとしたものを「教育」と名付け、また、個々における主体的な獲得の努力を「学習」と呼ぶことにします。そしてそのいずれもが、個々人の生涯にわたる発達・自己実現の不可欠の条件であることから、当然のこととして「学習権」「教育権」として確認しておくことにします。

⑶　「国政の最大尊重義務」としての「自己実現の権利の保障」

そして第13条は「個人の尊重」を前提とした「生命の権利」「自由の権利」「幸福追求の権利」の実現を、「立法その他の国政の上で、最大の尊重を必要とする」と明記しました。つまり、日本の国の政治は、個人主義を土台にした「すべての国民各個人の、生命権、自由権の上に立つ幸福追求権＝自己実現の権利の保障」を最大課題として進められる、ということになります。

そしてこの理念に基づく「国政」を実現する主体はだれかというと、もちろん私たち主権者です。私たち各個人が「自己実現の権利の主体者」であると共に、政治・行政の最終的責任者の1人であることを自覚して考え行動することが、日常的に求められているということです＊3。

「公共の福祉」についての認識と、コロナ禍の下における自覚

ここで、もう一つ深く認識しておかなければならないことがあります。それは「公共の福祉」という原則です。そこであらためて第13条の条文を読みます。

「すべて国民は、個人として尊重される。生命、自由及び幸福追求に対する国民の権利については、公共の福祉に反しない限り、立法その他の国政の上で、最大の尊重を必要とする」

このように条文は、「国政」が各個人の権利保障のために働く前提として「公共の福祉に反しない

限り」を条件にしています。いったい「公共の福祉」とは何でしょうか。じつは、「公共の福祉」の内容（概念）は、憲法学・法学において数多くの議論・論争が行われ、様々な社会的経験を経て発展させられてきました。

ここでは、多くの論者が一致している基本的な定義をあげておくことにします。

①公共の福祉とは、ある個人や私的な団体組織の権利を行使する際に、他の個人や私的な団体組織の権利を侵さないことである。

②公共の福祉に反したかどうかの基準は、民主的な手続きによって定められた法制度によって定める。

「人は誰でも自分の意見によって思考・行動する権利を持つが、他の者も平等に同じ権利を持つ。だから、自己の権利を実現するために他の者の権利を侵すことはできない。もし侵したなら、法制度によって両者の関係をただす」ということです。

この原則は、コロナ禍の下でいま、大きな意味を持っています。

ある感染症が広がる状況の下では（特にパンデミックの状況にあっては）、誰もが感染症をうつされて「被害者」になる可能性があるとともに、誰もが感染症を他人にうつす「加害者」になる可能性があります。感染症流行現象の下ではすべての人が「対等・平等」なのです。しかも今回のコロナウイルス感染症の特徴として「感染しても無症状の場合があり、無症状でもウイルスは他者に感染する力を持つ」ということが、確認されています。だからこそ全数検査が求められたのであり、すべての人への予防接種の実現が急がれたのです。

このように考えると、マスクの着用や手洗いなどが求められているのは、まさに「公共の福祉」の実践だということが分かります。

しかしそこで、あらためて確認しなければならないのは、「公共の福祉」は、各個人の権利・人権を平等に保障するための原則であり、それを制限したり抑圧したり侵害したりすることが本来の目的ではない、ということです。特に「公共の福祉」を口実にした国家権力などによる人権侵害に対しては、明確に反対することが主権者としての私たちに求められているのです。

「自助・共助・公助」路線の違憲性

以上のように、憲法第13条を理解して「国政の最大尊重義務は、各個人の基本的人権の保障である」ことを現実にあてはめると、現在の内閣がくりかえしている「自助・共助・公助路線」に直面します。「各個人の課題を解決するには、まず自身が努力し、それでも解決しないときには家族や地域・友人たちなどと共同し、さらに困難であれば公共の力を使う」という「政策原則」です。

そしていま、この「原則」を災害時の行動に当てはめて正当化することが広がっています。災害に直面したとき、まず自分の力で自分の生命を守る、次に家族や近所の人たちと共同し…といった具合いです。確かに災害発生の現場では、現実的に起きることだと言うこともできるでしょう。

しかし、災害に対応するには、ふだんから公的な消防・防災機関を置き、台風、洪水、津波、地震などに対する備え、災害情報の伝達システム、避難施設、それらを含めた防災計画、さらに公的な地域・都市計画…というように、自治体行政が「災害以前」から現場的備えを持つことになっているのであって、第1が「公助」です。その前提があるからこそ「共助」「自助」が可能になるのです。そうでなければ、阪神淡路大震災や東日本大震災などから何も学んでいない、ということになるでしょう。

そもそも「自助・共助・公助路線」で直面する「コロナ禍問題」が解決できないことは、鳴物入りで進めている「ワクチン接種」が証明しています。

2　憲法の人権原則の確認②憲法における権利保障の規定とその展開

憲法は、以上に見た第13条を具体化するため、第14条以下に数多くの条項を掲げています。ここでは、本章に必要と思われるいくつかの条文を見ておくことにします。

◇憲法第14条【法の下の平等】（2・3項略）

「すべて国民は、法の下に平等であって、人種、信条、性別、社会的身分又は門地により、政治的、経済的又は社会的関係において、差別されない」

この第14条は「法の下の平等」を規定し、第13条の「権利の保障」を制度化した法律が、すべての者に等しく適用されることを保障するものです。またこの条文は、具体的な例をあげて政治的・

経済的・社会的差別を禁じており、日本の歴史のなかでも画期的な意義を持つものでした。現在さかんに論じられている「ジェンダー平等」も、この規定無くしてはあり得ないものだったといっても良いでしょう。しかしまた、非正規労働の拡大その他の新しい差別関係が広がり、条文が例にあげた「人種」ほかの差別課題の現実も真剣に受け止めなければなりません。

◇憲法第15条【公務員と公務の本質】（1・3・4項略）

「②すべて公務員は、全体の奉仕者であって、一部の奉仕者ではない」

この第15条2項は、公務員の任務と公務労働の本質を規定したものですが、公務員は国民全体に等しく奉仕する者であり、その職務のすべてが奉仕労働だというのです。

ここでいう公務員は、中央、地方を問わず、選挙で選ばれる特別公務員をはじめとする全公務員を対象にしており、当然のこととして教職についている公務員も含まれています。この原則を無視・軽視すれば、第13条の「国政の義務」や第14条の「平等原則」は無意味なものとなり、単なる「お飾り」になるでしょう。

そしてもう一つ、公務員・公務労働者にとってこの原則は、自らの誇り、生きがいとなるはずのものだということを強調しておくことにします。

◇憲法第25条【基本的生活権と国政の責務】

「①すべて国民は、健康で文化的な最低限度の生活を営む権利を有する

②国は、すべての生活部面について、社会福祉、社会保障及び公衆衛生の向上及び増進に努めなければ

ならない」

この第25条は、第13条に掲げた「各個人における自己実現の権利」の基礎的条件を「健康にして文化的な最低限度の生活を営む権利―基本的生存権」としてとらえました。そしてその政策的分野を「各個人を意識した社会福祉」「全国民を意識した社会保障」「全国民の生命に向き合う公衆衛生」として示し、「国政」の義務としたのです。これによって、社会福祉、社会保障、公衆衛生のいずれもが、国民にとっての「制度的権利」になりました。

それは、明治憲法下の社会的政策の基本とされた「貧困者を救う―救貧」から「貧困者をつくらない―防貧」に転換したことを意味しました。そして人々の生活が、社会経済文化の発展と共に向上することを当然のこととして、「国政」が社会福祉、社会保障、公衆衛生の全体について、絶えることのない「向上及び増進に努める」ことを義務付けたのです。[*4]

国民的な社会運動による「健康権」の確立

この章の初めに、日本の公衆衛生行政、特に保健所や学校の養護教員制度などによる努力ついて述べましたが、ここであらためて憲法13条の「生命の権利」や第25条の「健康権」の制度・政策的な確立を目指した、国民的社会運動による数多くの裁判運動から、3つの例を示しておくことにします。

● 朝日訴訟　1957年提訴―1967年結審（原告本人の死亡により権利消滅の判決）

憲法25条の生存権規定による生活保護制度の実現を求めた裁判

●反公害訴訟の事例（いわゆる「4大公害裁判」─いずれも全面勝訴）

水俣病（熊本県）　1969年提訴─1973年最終判決

新潟水俣病（新潟県）　1967年提訴─1971最終判決

イタイイタイ病（富山県）　1968年提訴─1972年判決

四日市ぜんそく（三重県）　1967年提訴─1972年判決

●ハンセン病裁判　1998年提訴─2001年判決（全面勝訴）

感染力の弱いハンセン病の患者を隔離的に収容することを定めた「らい病予防法」を違憲として国家賠償を求めた裁判

これらの裁判例はいずれも、訴訟の原告に対してはもちろん、憲法原則に基づく政策の発展に大きく寄与して国民全体の健康権に寄与しました。

また、「反公害裁判」の結果は、憲法に明記されていなかった「環境権」の確立に大きく寄与し、後に「環境基本法」を成立させ、40本以上の環境関係法を制定させており、国連をはじめ世界的な環境権の確立に大きく寄与しました。

こうした国民運動は、「この憲法が国民に保障する自由及び権利は、国民の不断の努力によって、これを保持しなければならない」とする憲法第12条の抵抗権規定による自覚的なものということができますが、大きな成果をもたらした要因として特に注目しておきたいのは、次に取り上げる憲法の教育・学習権とのむすびつきです。いずれの裁判活動においても、原告はもちろん、それを支援する形で運動に関わった者たちによる、主体的な学習活動抜きにはあり得なかったからです。

3　憲法の教育権規定による教育・学習権保障と現実的な問題への提起

そこで、憲法が定める学習・教育の権利についての規定です。

◇憲法第26条【教育基本権】

「①すべて国民は、法律の定めるところにより、その能力に応じて、ひとしく教育を受ける権利を有する
②すべて国民は、法律の定めるところにより、その保護する子女に普通教育を受けさせる義務を負う。
義務教育は、これを無償とする」

この憲法第26条で保障される「教育基本権」の内容については、憲法制定・施行の直後からこんにちまで、憲法の教育権を具体化する基準法としてほぼ同時期に制定・施行された「教育基本法」とを合わせて活用されると共に、議論・論争が行われてきました。それは、憲法学・法学・行政学・地方自治学、そして教育学・教育法学などの各分野、またそれらの相互においてくり返されてきたものです。

さらにまた、教育の現実的な展開（教科書、学力テスト、国旗・国歌…）において憲法第26条や教育基本法・教育関係法をどう理解するかについても、いくつもの裁判で論争がなされてきました。そ

の重要な歴史的段階が「教育基本法の全面改正」をめぐる議論でした（２００７年）。
私は、教育権とその制度・内容をめぐるこうした議論・論争を、民主主義的な教育のあるべき姿を探究する場であると考え、また自由・平等を原則とする国民主権国家だからこそ可能なもの、と位置づけ評価してきました。そして「教育基本法改正」問題では、「改正反対」を明確にして議論に参加しました。

ここでそれらの議論の内容全体を紹介することは不可能ですが、本書の「コロナ禍の下での教育」を考慮しながら、基本的な点について明記することにします。

基本的人権としての教育・学習権の確立と各個人における主体性の確保

国民主権を大前提にした教育・学習権は、どのような力によっても否定できない基本的人権の一つであり、憲法第13条が規定する「国政の最大尊重義務」として、各個人に保障されなければなりません。また、教育・学習権の内容や方法は、本来、憲法第13条の個人主義原則による「自己実現の権利」を条件づけるものとして、各個人の主体性において決定されるべきものです。以下、議論すべき問題の例をランダムに提起しておくことにします。

ア　学校教育での議論・問題提起の例

学校教育では、学ぶ者各個人の主体性の確立と、それに向き合う各教師の自主性が全面的に確保されなければなりません。

●制服は必要か

●生来の髪の毛の色や自由な髪形を否定するなどの規定は、自由の抑圧ではないか

●教育の一部として位置づけられている「給食」「修学旅行」などは無償であるべき

●高等教育までの一切の教育費の無償化を急いで実現する

●「一斉学力テスト」は、学校や教師、子どもたちの主体性を侵害している─廃止へ

●高校の全員入学の実現─OECD加盟の大半の国で日本式の「高校受験」は存在しない

●現行の大学受験を廃止し、海外の例を参考に本人の希望に基づく入学制度をつくる

●子ども若者たちなど、学習の主体者による規則以外の校則の廃止

●「学習指導要領」と教科書制度を全廃し、教師の自主的な選択による制度を確立する

●初等中等教育（小中校）では最大20人基準の少人数学級を全面的に実現する

●障害者についての区別的学校制度を全廃し、共同学習の場における個性特性対応の教育制度を確立する

●在日外国籍住民の公的学校への無条件入学と外国人学校運営への無前提の保障・支援体制の確立

●夜間中学などの生涯学習的な学校制度の確立

●社会教育プランと結んだ、子どもたちの地域活動の展開

●学校全体の民主的・自主的運営を実現するために不可欠な条件としての、教職員を含むすべての

職員の正規雇用と十分な人員の確保

イ　社会教育についての議論・問題提起の例

社会教育においては、住民の要望に即した政治・経済・社会などの主体的で自由な学習の場を提供し、地域に文化スポーツなど全分野にわたる生涯学習の場を形成するために、住民会議による毎年度計画の立案と実現の体制確立を目指します。

- 公的社会教育施設運営の市場化・民営化の原則禁止と自主的運営体制の確立
- 社会教育施設職員の全面的な正規職員化と専門職員体制の確立
- 住民主権による協同的社会教育運動と各種施設の奨励・援助
- 公的社会教育施設の運営についての施設ごとの民主的な住民会議の制度化
- 公的な社会教育施設の有料化措置の全廃―差別のない施設運営の全面化
- 障害者を含めた全年齢・全住民対応の生涯学習体制（家庭訪問も）の確立
- 外国籍住民の独自的な学習権の確保と日本国籍住民との交流学習活動の日常化

4　「一斉休校」は憲法違反の行為である

本章の果たさなければならない課題の一つに「一斉休校の問題の解明」があります。いうまでもなく安倍前首相が「２０２０年3月2日から春休みまで」と期限を付けて、全国の小中高校と特別支援学校に対して一斉の休校を「要請」し、実行した事件をどう考えるかということです。

(1) 記者会見での発言は

次に示すのは、「全国一斉休校」の要請を公表したときの安倍前首相の記者会見（２０２０年2月29日）での発言の一部分です（首相官邸ＨＰ資料から抜粋）。

「…全国すべての小学校、中学校、高等学校、特別支援学校について、来週月曜日から春休みに入るまで、臨時休業を行うよう要請いたしました。子供たちにとって3月は学年の最後、卒業前、進学前の大切な時期です。学年を共に過ごした友達との思い出をつくるこの時期に、学校を休みとする措置を講じるのは断腸の思いです。…」─これで見ると、子どもたちのことを思いやりつつ「断腸の思い」で決断した、ということですが、これは「確信犯的行為」だということにほかなりません。首相にそんな権限があるのでしょうか。

(2) 「特別措置法違反」の決定ではなかったのか

「基本的人権の尊重」規定に対する違反ではないのか

新型コロナウイルス感染に対処するとした現在の「特別措置法」は、２０１２年に制定した「新型インフルエンザ対策特別措置法」の改正法ですが、そこで確認しておきたいのは、旧法から引き継いだ次の条文です。

◇第5条（基本的人権の尊重）

「国民の自由と権利が尊重されるべきことに鑑み、新型インフルエンザ等対策を実施する場合において、国民の自由と権利に制限が加えられるときであっても、その制限は当該新型インフルエンザ等対策を実施するため必要最小限のものでなければならない」

これは、憲法の人権理念を踏まえた当然の規定ですが、一斉休校の決定はこの原則を踏まえたものであったか、ということがまず問われなければなりません。

実は首相の「独断」だった

当時の報道によるとこの「一斉休校要請」は、専門家会議の意見を聞くこともしない「首相の独断」だったことが分かります（本書第2章を参照）。

当時の報道で前後の経過を見ると、2月25日に内閣がまとめた「基本方針」では、イベント開催について「自粛は求めないが、主催者にイベント開催の必要性の検討を要請する」としていたのを、翌日26日には安倍首相によって「大人数が集まる全国的なスポーツ、文化イベントは2週間中止、延期、規模縮小などを要請する」と変更、そしてその翌日には各学校に対する「一斉休校要請」になったのでした。

そのこともあってか、29日の記者会見もまた独断的なものでした。当時の報道では、「会見時間は約36分間だったが、前半の安倍氏の「演説的発言」が20分近く。記者からの質問は事前に質問状を出した5社に限られ、それも原稿を読み上げる形だった。会見は一方的に打ち切られ、手をあげた女性ジャーナリストなどは無視された」という内容でした。当然のようにSNSには批判や疑問の声があふれたのですが、すべて無視されました。

(3)「一斉休校措置」の違憲性

私は、このような独裁には―もちろん反対ですが、もともと「内閣による一斉休校」の要請（事実上の強制）そのものが「憲法違反」であると考えています。この点を少し踏み込んで記しておくことにします。

基本的人権の「無制限性」

明治憲法と比べると日本国憲法の人権規定には「法的制限」が付いていません。例えば…

●明治憲法第29条

日本臣民ハ法律ノ範囲内ニ於テ言論著作印行集会及結社ノ自由ヲ有ス

●日本国憲法第21条

①集会、結社及び言論、出版その他一切の表現の自由は、これを保障する。

②検閲は、これをしてはならない。通信の秘密は、これを侵してはならない。

右の2つの条文の違いは明らかです。明治憲法も「言論・出版・集会・結社の自由」を認めていましたが、それは「法律の範囲内」のことであって、「法律に定めればそれらの権利を侵すことができる」ということになっていたのです。明治憲法は、そのほかに信教の自由なども含めていくつかの権利規定を置いていましたが、いずれにも制限規定が付いていました。これに対して日本国憲法は、いずれの人権保障についても原則として制限規定を付けていません。*5

教育権と生命権の両立的実現

すでに確認したように、「教育権」は基本的人権の中心的な位置を占める性格を持つものであり、それに対する制限を付けることは許されません。もちろん、そこにおいて各人の「生命権」をおびやかす事態との関係が生まれたとするなら、公共の福祉の原則に従って法的な規制を行うことになります。その判断は「教育権」を有する主体とそれを制度的に保障する主体（この場合は学校）において決定されることが原則です。特に感染症などの事態にあっては、でき得る限り「生命の現場」における判断が求められるはずなのです。

そしてこの場合、教育権の制度的な主体として学校が「コロナ禍」についての判断を下すときに、学校が存在する地域における「健康実態」の科学的な理解が欠かせません。そこで、全住民に向き合う公衆衛生機関・保健所と学校の連携の重要性が、あらためて浮かび上がってきます。しかしいま、全国の保健所数は最高時の55％の数しか存在せず、人口比では32万4０００人に1か所という数字になっている現実に向き合います。教育権の日常的な確立には、その現場である地方自治のレベルでの総合的な人権保障体制の確立が必要であることが、あたらためて見えてきます。

(4) 教育・学習制度への統制は拒否されなければならない

いま、「一斉休校」は教育統制への道をひらくための「テスト」だったのではないか、という声があります。それが単なるウワサとして片づけられないことに、東京の教育などで起きている「学校を基盤とした、オリンピックへの子ども動員」があります。その総数は81万人ともいわれ、オリンピック・パラリンピックの開催問題に連動して重大視されています。

日本の近代教育制度は1872（明治5）年の「学制」から始まりましたが、来年はちょうど150年を迎えます。この間の歴史的検討を踏まえて、「君が代斉唱」「国旗掲揚」の強制のような教育体制をきっぱりと拒否し、憲法理念による「教育基本法再改正」の運動を起こす必要があるのではないでしょうか。

5 地方自治制度の意義と「基礎的自治体最優先」の原則の実現

そこで深めなければならない基本的課題として「地方自治体行政・議会の民主的確立」があります。それは先に検討した保健所と学校との連携に見られるように、「各個人の権利の保障」に具体的につながっています。

(1) 地方自治制度は、各個人の自己実現のために存在する

私たちがふだん「国政」というとき多くの場合に、中央政府の行う政治・行政のこと、国会における立法、内閣による行政のことを対象にしています。けれども、憲法第13条が規定している「国政」は、それだけでとらえることはできません。なぜなら「各個人における権利の保障」が「国政」の最大目的だからです。つまり、各個人の生活の現実に具体的に向き合う政治・行政がなければ、第13条の規定を実現することは不可能です。しかし、中央政府が各個人の生活に向き合うことは不可能です（ただし、中央政府三権機関の一つである司法・裁判所が、各個人の人権保障に直接的に向き合う任務を持つことは、先に見たとおりです）。

それに応えたのが、憲法第8章に規定する「地方自治」です。日本国憲法は、世界で初めて「章」による地方自治を規定した憲法」とも言われますが、私は、第13条による個人主義の理念を具体化するための組み立てとして、「第8章」を位置づけるべきであると考えてきました。ここで、その論を全面的に展開することはできませんが、この章の最後に、基本的な原則だけを押さえておくことにします。

各個人の生活における「自己実現を保障するための政治・行政」を「最大尊重する」としてつくられた体制が、中央政府・都道府県・市町村の区分による「国家体制」です。この三者を上下の区

分としてとらえる見方がありますが、それは誤りです。むしろ、各個人の生活にその現場で向き合う基礎的自治体・市町村にこそ大きな権限を与えなければならないとする原則があるのです。「市町村最優先・都道府県優先の原則」といいますが、各個人の権利実現のための事務については市町村に最優先的な権限を与え、次に都道府県に権限を与えるというものです。この原則は、憲法施行から3年が過ぎた1950年12月22日に出された「行政事務再配分に関する勧告」に記されました。*6

委員会の目的は、1947年5月3日に施行された日本国憲法の地方自治原則を具体化するために、憲法と同日施行された「地方自治法」を具体化するために制度を整えることでした。

(2) 「市町村最優先・都道府県優先の原則」を実体化する

そこで示された「市町村最優先・都道府県優先の原則」を、現在の地方自治法の規定も加味して簡潔に示すと、次のようになります。

> 「最大尊重義務」として国政に求められる「生命権」「自由権」を土台にした各個人の「幸福追求権＝自己実現の権利」の具体化のために、憲法の定めるすべての人権を、各個人の人生の各段階や生活空間（家庭、地域、学校、職場…）において、その必要性に応じて具体化するために、次のように各機関の事務を配分する。
> ①各個人の人権を具体化するための事務についての権限は、基礎的自治体である市町村に最優先的に配分される。

②市町村の事務の遂行のためには、各市町村の財政力を補うなどの補完的な事務・広域的な事務が必要になるが、それは広域的自治体である都道府県の事務として配分される。（ここまでが、いわゆる「神戸勧告」）

これらを受けて中央政府は、独立国家としての対外的・国際的事務と、すべての国民個人の「法の下での平等」を担保するための一般的な事務を担当する。

いまこそ、この原則の全面的な実現のために活動するときではないか、「生命の権利」の尊さを実感させたコロナ禍のいまだからこそ、力を合わせるときではないか、私はいまそのことを強く意識しています。そして、その根底にあるべきものは、各個人の主権者意識であり、さらにそれを形づくり、持続的に発展させていくものこそ、教育権の全面的な保障による各個人の学習の営みであると確信しています。

注

1　念のために記しておきますが、大日本帝国憲法（明治憲法）は、天皇制による国家統治を原則としていましたが、「天皇の権力行使は憲法の規定による」としており、制限付きではありましたが「言論・出版・集会・結社の自由」を含むいくつかの人権規定も明記されていました。したがって「15年戦争期」の全体主義は、明治憲法による立憲主義を否定したものでした。

2　「国体の真義」＝日本は神である天皇によってはじめられた国（「惟神国（かむながらのくに）」）である、という意味です。

3　ここでいう「国政」は、中央政府と地方自治体政府による政治・行政を分担と統一において表現しているものです。これについては後でのべます。

4　こうした原則を無視する形で進められているのが、先に述べた「自助・共助・公助」の路線です。それは個人が困難な状態になってから「公助」に頼る、ということであり、「救貧」路線への逆戻りを意味しています。

5　ただし、先に見たように「公共の福祉原則」が人権規定に及びますが、これは「すべての人に対する人権保障」の基本的な条件です。

6　勧告を作成したのは、1949年に制定された「地方行政調査委員会議設置法」に基づいて置かれた委員会です。議長を務めた神戸正雄氏の氏名から「神戸委員会」と言われ、その勧告を「神戸勧告」と呼ぶことがあります。

第2章

新型コロナ感染症に教育はどう向き合ったのか

朝岡幸彦

NPO法人グリーンウッド自然体験教育センター提供

1　パンデミック下における医療資源の「配分と倫理」問題

(1)　ワクチン接種の優先順位

広瀬巌『パンデミックの倫理学』（勁草書房、2021年）は、「新型インフルエンザや新型コロナウイルス感染症のパンデミック対応策における基本的な倫理原則は救命数最大化で、先着順やくじ引きなどランダムに優先順位を付ける方法と生存年数最大化はごく限られた場合にだけ使われるべきだ」（69頁／傍点は引用者）と述べています。ここでいう医療資源とは、救命措置に関わる資源（人工呼吸器、人工肺、ICUの病床等）、ワクチン、抗ウイルス薬をさします。

ここでは「誰にワクチン接種を優先するか？」について、4つのカテゴリーに属したグループや個人がワクチン接種を優先する「候補」となるとされる点に注目します。①「ウイルスに感染したら重症化しやすい人たち、つまりリスクグループ」、②「医療従事者」、③「総称して『エッセンシャルワーカー』と呼ばれる、社会の基本的機能を維持する上で必要不可欠な業務に携わっている人たち」、④「自分以外の多くの人にウイルスを拡大させる人たち、つまりスーパー・スプレッダー（super-spreader）と言われる人たち」です。

そして、第3の「エッセンシャルワーカー」の候補を、⑴食料などの生活必需品を扱うスーパーや八百屋、コンビニエンスストアなどの店員、⑵生活必需品を運送するトラックの運転手など物流や卸売業の従業員、⑶薬局や訪問看護、高齢者施設などの職員、⑷バスや電車などの公共交通機関の職員、⑸消防や警察の職員、⑹ゴミ収集、ガス会社、水道会社、電力会社などの公益性の高い業務をする人たち、⑺市役所や県庁、国の中央官庁の職員、⑻保育園や小中学校の職員、⑼郵便局や銀行の職員など、とします。しかし、具体的な線引きはむずかしく、①救命数最大化という目標に直接関係するかどうか、②医療従事者や救命数最大化に直接関わっている人たちに強い影響を与えるかどうか、という二つの基準をもとに線引きすることが必要であると指摘します。さらに線引きをするうえで、①優先されるグループの数をなるべく少なくすること、②優先順位の決定プロセスから政治的判断の余地をなくすこと、が重要であるとされています。

２０２１年2月17日に医療従事者（約４８０万人）へのワクチン接種が開始され、その終了を待たずに4月12日から65歳以上の高齢者（約３６００万人）への接種が始められています。４月９日時点でのワクチン接種者が、２回接種者が３万４２８５名、１回接種者が３万５３１３名であることから、医療従事者への接種率が２％未満（約１・５％）の段階で高齢者への接種を開始したことになります（新型コロナワクチンの接種実績／厚労省ＨＰ／https://www.mhlw.go.jp/stf/seisakunitsuite/bunya/vaccine_sesshujisseki.html）。その後の接種状況は首相官邸ＨＰ（https://www.kantei.go.jp/jp/headline/kansensho/vaccine.html）で公開されており、６月３日時点で医療従事者等に８０９万５４７７回、高齢者に７５１万２０４８回接種されたと報告しています（医療関係者の接種完了率は約67・２％）。ワクチン接種順位の①が基礎疾患を有する人と高齢者に対応し、②の医療従事者とともに優先度が高いことは明らかであり、医療従事者の接種の完了を待たずに高齢者の接種を開始したことの批判があっても一定の合理性が認められます。今後、高齢者とともに①に区分される「持病のある人」（約820万人）、③の(3)にあたる「高齢者施設などの従業者」（約200万人）、高齢者に準ずる「60～64歳の人」（約750万人）の接種がどのように進むのかが注目されます。とはいえ、その他のエッセンシャルワーカーの接種順位が明示されておらず、④のスーパースプレッダーを特定することはむずかしいものの、20代～40代の活動が感染を拡大しているとの指摘をもとに優先接種する可能性も残されています。政府は6月21日以降、事業所及び大学等でのワクチン接種を開始するとしており、大学生を含む若い世代への接種も進むと期待されています。

(2)　ＰＣＲ検査をめぐる専門家と市民のズレ

ハリー・コリンズは『我々みんなが科学の専門家なのか？』（法政大学出版局、２０１７年／原著は２０１４年）の中で、「ワクチン反対論者」の問題を取り上げています。「１９９０年代末から２０００年代初頭にかけて、おたふく風邪、はしか、風疹の混合ワクチン（ＭＭＲワクチン）に対する反対運動がイギリスで起こった」（１４０頁）。ここで問題にされていることは、大きく二つあります。第一は、コリンズが「偽の科学論争」と呼ぶ、科学的には比較してはならない事項を根拠にした報道のあり方です。これは、ワクチン接種と自閉症の繋がりがないことを示す疫学的分析という証拠と、親たちの経験という証拠を「比較検討」すること自体の誤りです。第二は、ワクチン接種に反対する行為が社会的な格差をともなった社会的な感染リスクを高める行為になるということです。コリンズは、素人は専門家を信じろと言っているわけではありません。「専門家という言葉の色々な意味を考えれば、我々みんなが専門家だと言うこともできます。しかし、我々みんなが科学の専門家だと言うことはできません。我々はみんながユビキタス専門家ですが、このことは、深刻な科学論争が問題となっている場合には意味をなさない」（174頁／傍点は引用者）のです。

新型コロナウイルス感染症（COVID-19／以下、新型コロナ）のPCR検査をめぐる専門家と市民との認識や意見のズレから、私たちが専門家の意見をどのように尊重すべきなのかを考えたいと思います。広瀬は「PCR検査の選択的分配を行わないで済むように検査体制を拡充することは十分可能だったし、そのことによってPCR検査の選択的分配という倫理的問題を回避することが可能だったことを考えると、政府や自治体の対応は極めて不適切であったと判断せざるを得ない」（127頁）と述べています。しかしながら、「PCR検査をとにかく全員にせよ」という意見に対しては、「PCR全員検査は、条件付き確率という推論の観点からは非合理的で、また倫理的な観点からも不正な対策である」（128頁）と否定します。

つまり、検査が一定の精度をもつとしても100％の正確な判定を下すことはできず、必ず一定数の①「偽陰性」（罹患しているにもかかわらず「陰性」と評価される人）と②「偽陽性」（罹患していないにもかかわらず「陽性」と評価される人）が出てしまうという問題です。母数が大きくなると（例えば、人口約1000万人とすると）、「偽陰性」の罹患者や「偽陽性」の非罹患者の数も膨大になります（感度が70％、特異度が99％の場合には①約7万人、②約9万9000人）。仮に短期間ですべての人の検査ができたとしても、数万人の①罹患者を放置することになって防疫効果が失われると考えます。また、②罹患者でないにもかかわらず罹患者とみなされて「隔離」される人が、やはり数万人も生まれることの倫理的な問題も発生するとされます（広瀬は罹患率や偽陽性の確率などの設定を変えて幾つかの補足を行なっている）。これにPCR検査が「その時点」での「陰性」を示すものであって、検査から判定までにかかる期間や検査後の行動によって「陽性」になりうることを考えると、検査の頻度が問題になります。さらに、倫理学者である広瀬がより重要な問題として指摘するのが、「日本において、恐怖感や偏見、そして無知などから、感染症をめぐってグロテスクなまでの不正が繰り返されてきた」という事実です。ハンセン病患者やHIV・AIDS患者に対して行われてきた社会的不正が、悉皆検査によってふたたび引き起こされる危険性があると指摘するものです。

では、専門家が否定する「やみくもなPCR検査」と、私たち市民が求める検査との間にどのような合意が得られるのでしょうか。これは「防疫か、経済か」としてしばしば語られる「専門家の意見か、政治的判断か」という二者択一の議論ではなく、注意深く専門家の意見に耳を傾けながら、地域や対象を限定して科学的・合理的な感染症対策を着実に進める以外に方法はないと言えるでしょう。まさに「恐怖感ではなく警戒感、偏見ではなく同情、無知でなく科学的知見によって感染症対策を構想・実施していかなければならない」（132頁）のです。

⑶　「日本モデル」は成功したのか

新型コロナの第一波が一定の「収束」を見せたことにともなって、２０２０年5月25日に政府は全国で緊急事態宣言を解除しました。安倍首相（当時）は記者会見で、次のように述べています。「我が国では、緊急事態を宣言しても、罰則を伴う強制的な外出規制などを実施することはできません。それでも、そうした日本ならではのやり方で、わずか1カ月半で、今回の流行をほぼ収束させることができました。正に、日本モデルの力を示したと思います。」（傍点は引用者）はたして「日本モデル」は成功したのか、そもそもそれはどのようなものなのか、について検討します。そのためには、まず新型コロナに対して日本政府がどのように対応してきたのかを振り返る必要があります（**資料**）。

【第Ⅰ期（潜伏期）】２０２０年2月24日まで

中国・武漢市における原因不明のウイルス性肺炎の発生が発表されたのは、２０１９年の大晦日（12月31日）でした。２０２０年1月15日に武漢市に一時帰国していた日本国内最初の症例（患者）が発見され、新型コロナを感染法上の指定感染症に指定する政令を公布（1月28日）しました。1月30日にはＷＨＯがＰＨＥＩＣ（緊急事態）を宣言する（2月11日にCOVID-19と命名）とともに、新型コロナウイルス感染症対策本部（以下、政府対策本部）第１回会合が開かれました。２月３日に横

資料　新型コロナウイルス感染症（COVID-19）をめぐる動き（日本）

【第Ⅰ期（潜伏期）】2020年2月24日まで

1月16日に国内で最初の感染者が確認されてから、首相が中国湖北省・浙江省などからの入国拒否を表明し、新型コロナを「指定感染症」とする政令を発する（2月1日）とともに、ダイヤモンド・プリンセス号における集団感染、病院での集団感染が確認され、厚労省が「相談・受診の目安」を公表した（2月17日）。

第Ⅰ期（潜伏期）	2020. 1.16	国内で初めて感染者を確認したと発表
	2020. 1.24	外務省、中国湖北省への渡航中止を勧告 都内で初めて陽性患者が確認
	2020. 1.29	政府チャーター機による中国湖北省の邦人の帰国開始
	2020. 1.30	WHO「国際的に懸念される公衆衛生上の緊急事態」(Public Health Emergency of International Concern: PHEIC）を宣言→新型コロナウイルス感染症を「COVID-19」と命名（2.11）
	2020. 1.31	首相、中国湖北省からの入国拒否を表明（2.12 中国浙江省からの入国拒否を表明）
	2020. 2. 1	新型コロナウイルス感染症を指定感染症とする政令が施行される
	2020. 2. 3	ダイヤモンド・プリンセス（DP）号が横浜港入港→10人感染。乗客乗員の船内待機を決定（2.5）
	2020. 2. 7	厚労省、第1回新型コロナウイルス感染症対策アドバイザリーボード開催（第2回は2.20）
	2020. 2.13	日本国内初の死者 新型コロナウイルス感染症対策本部、「新型コロナウイルス感染症に関する緊急対応策」発表
	2020. 2.14	厚労省、新型コロナウイルス感染症への対応として雇用調整助成金の特例措置
	2020. 2.16	政府の新型コロナウイルス感染症対策専門家会議設置が初会合
	2020. 2.17	厚労省、「相談・受診の目安」（風邪の症状や37.5度以上の発熱が4日以上続く方等）公表

【第Ⅱ期（拡大期）】2020年3月12日まで

政府が新型コロナ対策の基本方針を決定（2月25日）したのち、大規模イベントの自粛、学校の一斉臨時休校の要請を行い、中国・韓国、米国・欧州からの入国制限・停止を拡大させていく過程である。

第Ⅱ期（拡大期）	2020. 2.25	政府、新型コロナ対策の基本方針を決定。厚労省、クラスター対策班設置
	2020. 2.26	首相、大規模イベントの自粛を要請。首相、韓国大邱市などからの入国拒否を表明
	2020. 2.27	首相、学校の一斉臨時休校を要請
	2020. 2.28	北海道知事が独自に「緊急事態宣言」 厚労省、雇用調整助成金について特例措置の拡大（日本人観光客の減少も対象）
	2020. 3. 1	厚労省、「新型コロナウイルスの集団感染を防ぐために」公表
	2020. 3. 3	厚労省　マスクの売渡し指示及び北海道への優先配布
	2020. 3. 5	首相、中韓全土からの入国制限を表明（→3.10：イタリア5州などからの入国拒否、3.11：英国、欧州26か国からの入国停止）
	2020. 3. 6	新型コロナウイルスのPCR検査、公的医療保険適用
	2020. 3. 7	日本環境教育学会：緊急声明『子どもたちが「外で遊ぶ権利」を最大限保障してください』の発表
	2020. 3. 9	専門家会議、「新型コロナウイルス感染症対策の見解」を発表、「3密」回避を呼びかけ
	2020. 3.10	新型コロナウイルス感染症対策本部、新型コロナウイルス感染症緊急対応策　第2弾　発表

第Ⅲ期（規制強化期①）		【第Ⅲ期（規制強化期①）】2020年5月13日まで 新型コロナ対応の改正特措法の成立（3月13日）を受けて、7都府県への緊急事態宣言の発令（4月7日）、対象区域の全国への拡大（4月16日）、緊急経済対策や補正予算の成立を経て、専門家会議から「新しい生活様式」が公表された（5月4日）
	2020. 3.13	新型コロナ対応の改正特別措置法が成立
	2020. 3.15	厚労省、「全国クラスターマップ」公開 厚生労働省・経済産業省・消費者庁「国民生活安定緊急措置法施行令の一部を改正する政令」、3月15日以降マスクの転売行為禁止
	2020. 3.18	厚労省、新型コロナウイルス感染症による小学校休業等対応助成金・支援金の申請受付を開始
	2020. 3.19	厚労省、新型コロナウイルス感染症の影響を踏まえた生活福祉資金貸付制度における緊急小口資金等の特例貸付の拡大
	2020. 3.26	首相、欧州21か国などからの入国拒否を表明。政府、新型コロナ対応の特措法に基づく対策本部を設置
	2020. 3.28	「新型コロナウイルス感染症対策本部」、新型コロナウイルス感染症対策の基本的対処方針を決定（2020年3月28日、4月7日、4月11日、4月17日、5月4日、5月14日、5月21日、5月25日、2021年1月7日、1月13日、2月2日、2月12日、2月26日、3月5日改正）
	2020. 4. 1	首相、49か国・地域からの入国拒否を表明。首相、全世帯への布マスク配布を公表
	2020. 4. 7	首相、7都府県に緊急事態宣言。政府、事業規模108兆円の緊急経済対策を閣議決定
	2020. 4. 9	政府と都、休業要請の対象などで合意。11日開始
	2020. 4.16	首相、緊急事態宣言の対象区域を全国に拡大。13の特定警戒都道府県指定。首相、現金給付策を一律10万円に変えると表明。
	2020. 4.17	感染者1万人超（4.18）
	2020. 4.22	専門家会議、接触8割減のための「10のポイント」公表
	2020. 4.25	1都3県「いのちを守る　STAYHOME 週間」（～5.6）
	2020. 4.30	総額25兆6914億円の補正予算が成立
	2020. 5. 1	死者500人超（5.2）
	2020. 5. 4	専門家会議、「新しい生活様式」公表。政府、緊急事態宣言の5月末までの延長を決定。「新型コロナウイルス感染症対策の基本的対処方針」改定。各関係団体等は、業種や施設の種別毎にガイドラインを作成するなど、自主的な感染予防のための取組を進めることとされた。
	2020. 5. 8	「新型コロナウイルス感染症についての相談・受診の目安」改定。37.5度という具体的な基準削除
第Ⅳ期A（規制緩和期①）		【第Ⅳ期A（規制緩和期①）】（2020年7月31日）まで 政府が39県の緊急事態宣言を解除（5月14日）して以降、全国での解除（5月25日）を経て、次第に感染者数が増加する中でイベント開催制限の緩和（7月10日）、Go to キャンペーンの開始（7月22日）など規制の緩和へと向かう状況である。
	2020. 5.14	政府、39県の緊急事態宣言を解除
	2020. 5.21	政府、近畿3府県の緊急事態宣言を解除
	2020. 5.22	都「新型コロナウイルス感染症を乗り越えるためのロードマップ～『新しい日常』が定着した社会の構築に向けて～」を発表
	2020. 5.25	政府、緊急事態宣言を全国で解除
	2020. 6. 2	首相、「9月入学」の導入を事実上断念。東京都、「東京アラート」を発動。
	2020. 6.11	都、東京アラートを解除

第Ⅳ期A（規制緩和期①）	2020. 6.19	政府、都道府県境をまたぐ移動自粛を全面解除。政府、感染者接触確認アプリの提供を開始 東京都、事業者向け「東京都感染拡大防止ガイドブック」の公開。休業要請の全面解除
	2020. 7. 3	政府、専門家会議を廃止、「新型コロナウイルス感染症対策分科会」発足
	2020. 7.10	政府、イベント開催制限を緩和
	2020. 7.14	第3回新型コロナウイルス感染症対策アドバイザリーボード開催、再出発（2021.3.3で第26回）
	2020. 7.22	国交省、Go To　トラベル　キャンペーンを開始。
	2020. 7.29	日弁連「新型コロナウイルス下で差別のない社会を築くための会長声明」を発出 国内の1日の感染者1000人超、岩手で初確認
第Ⅳ期B（規制緩和期②）	第Ⅳ期B（規制緩和期②）2021年1月6日まで 8月1日以降、Go Toトラベルのほか、Go To Eat、Go To商店街などの経済策が打ち出されるなか、やがて1日当たり新規感染者数の増加が続き、2回目の緊急事態宣言が求められ、政府から出されるまで。新型コロナウイルスをめぐる差別・偏見も、感染拡大とともに広がった。	
	2020. 8. 5	日本医師会「新型コロナウイルス感染症の今後の感染拡大を見据えたPCR等検査体制の更なる拡大・充実のための緊急提言」、保険適用によるPCR等検査の取り扱いの明確化等
	2020. 8.17	4-6月期GDP　年率マイナス27.8%
	2020. 8.24	新型コロナウイルス感染症対策分科会、イベント5000人制限、9月末までの政府方針を了承
	2020. 8.25	文科省、新型コロナウイルス感染症に関する差別・偏見の防止に向けてメッセージ発信
	2020. 8.28	安倍首相「辞任表明」 政府が新たな「対策パッケージ」（新型コロナウイルス感染症に関する今後の取組）を公表
	2020. 8.29	国民生活安定緊急措置法施行令の改正、マスク及びアルコール消毒製品の転売規制を解除
	2020. 9. 1	厚労省、新型コロナウイルス感染症に関する外国語対応ホームページを開設
	2020. 9.19	政府、イベントの開催制限を緩和。感染防止対策と経済社会活動の両立のため、新たな日常の構築を図る
	2020.10. 1	農水省、Go To Eatキャンペーン開始
	2020.10. 7	新型コロナ対応・民間臨時調査会、第1波の対応を検証した報告書をまとめる
	2020.10.14	大都市の歓楽街における感染拡大防止対策ワーキンググループが開催
	2020.10.16	日本学校保健会、文部科学省補助事業「新型コロナウイルス差別・偏見をなくそうプロジェクト」を立ち上げ
	2020.10.23	政府分科会、年末年始「1月11日まで休暇を」、帰省など分散で企業側に要請
	2020.11. 5	1週間にクラスターが100件超、前週の1.6倍　9月以降最多
	2020.11. 7	北海道警戒ステージ「3」にススキノで営業時間短縮など要請
	2020.11.10	政府分科会が緊急提言「急速な感染拡大の可能性も」
	2020.11.20	政府分科会「Go Toキャンペーン」見直しなど政府に求める提言
	2020.11.25	政府、感染拡大の対策を短期間に集中的に行う「勝負の3週間」呼びかけ
	2020.11.27	衆議院厚生労働委員会、分科会尾身会長「個人の努力だけに頼るステージはもう過ぎたと認識している」
	2020.12. 1	新型コロナウイルスに係る厚生労働省電話相談窓口（コールセンター）の多言語化 コロナ感染拡大で、大阪の市立病院看護師不足でがん治療など一部の病棟閉鎖
	2020.12. 2	政府、感染リスクが高まる「5つの場面」年末年始特設サイト開設（感染の再拡大防止特設サイト）
	2020.12. 3	大阪府が「医療非常事態宣言」重症患者の急増で不要不急の外出自粛も要請
	2020.12. 4	厚労省、官民が一丸となった対話型情報発信プロジェクト「#広がれありがとうの輪」開始
	2020.12. 8	防衛省が医療体制ひっ迫の旭川市に看護師など10人派遣決める

第Ⅳ期B（規制緩和期②）		イギリスで新型コロナウイルスのワクチン接種が始まる
	2020.12.11	政府分科会、感染高止まりや拡大なら対象地域の「Go To 除外継続」を提言
	2020.12.12	病床ひっ迫5都道府県が「ステージ4」に“医療の提供体制が機能不全のおそれ”
	2020.12.16	経済産業省、「Go To イベント」、「Go To 商店街」全国で一時停止（12.28 から）
	2020.12.17	都の専門家会議、都内の医療提供体制、4段階ある警戒レベルのうち最も高いレベルに引き上げ
	2020.12.18	ファイザーコロナワクチン日本で承認申請
	2020.12.22	病床ひっ迫7都道府県で「ステージ4」の指標超える
	2020.12.23	政府分科会、「まずは飲食での感染対策が重要、家族内感染はその結果」の見解公表
	2020.12.24	政府、イギリスからの日本人以外の入国停止
	2020.12.25	コロナ変異ウイルス空港に到着の5人感染検疫で初確認 新型コロナウイルス感染症に関する南アフリカ共和国及びオーストラリアに対する新たな水際対策措置について決定
	2020.12.28	Go To トラベル全国で一時停止　政府、28日から全世界からの外国人の新規入国を停止
	2020.12.30	東京都モニタリング会議、「東京の医療危機的状況に直面」
	2020.12.31	新型コロナ東京都で1337人　全国で4520人の感染確認ともに過去最多
	2021. 1. 2	1都3県が政府に「緊急事態宣言」発出検討を要請　西村大臣「国として受け止め検討」
	2021. 1. 5	政府分科会が、1都3県への速やかな緊急事態宣言を提言
第Ⅴ期（規制強化期②）	第Ⅴ期（規制強化期②）1月7日の緊急事態宣言以降、現在まで 当初2月7日までを予定した2回目の緊急事態宣言であったが、結局3月21日まで延長されている。1回目と違い2回目は「限定的、集中的」で、午後8時以降の外出自粛、飲食店などに営業時間の短縮を要請するもの。その後、9都府県の各市に「まん延防止等重点措置」（まん防）を適用したが十分な効果が見られなかったため、1都2府4県に三度目の緊急事態宣言を発令し、12県にまん防を拡大した。	
	2021. 1. 7	東京、神奈川、埼玉、千葉に緊急事態宣言 東京都1日当たりの新規感染者2000人超え、3日間続く。緊急事態宣言受け東京都「緊急事態措置」決定
	2021. 1. 8	緊急事態宣言の区域拡大 東京都コロナ検査陽性でも入院先など決まらない人が急増
	2021. 1.12	WHO、「集団免疫」状態の今年中の獲得は難しいとコメント
	2021. 1.14	政府、11の国と地域で実施しているビジネス関係者らの往来を14日から停止 「自宅療養中に悪化し死亡」相次ぐ東京、神奈川など4都県で7人 東京都の新型コロナウイルス「モニタリング会議」、「爆発的な感染拡大を疑わせる水準だ」と非常に強い危機感を示す
	2021. 1.22	新型コロナウイルス対策の特別措置法などの改正案を閣議決定。刑事罰に反対の声
	2021. 1.23	新型コロナウイルスの死者全国で5000人超える
	2021. 1.27	世界の感染者が1億人超える
	2021. 2. 2	緊急事態宣言10都府県は3月7日まで延長。栃木県は解除。
	2021. 2. 3	新型コロナウイルスの死者全国で6000人超える。11日間で1000人の増 新型コロナウイルス対策の特別措置法など改正案、成立。入院を拒否した感染者に対する刑事罰は削除
	2021. 2. 5	厚労省、変異株に対応するため、アイルランドやイスラエルなど3か国からの入国に対し水際対策を強化
	2021. 2.13	改正特措法施行、新型コロナウイルス感染症に関する偏見や差別を防止するための規定が設けられる

第V期（規制強化期②）	2021. 2.14	厚労省、新型コロナワクチン国内初の正式承認、米ファイザー製
	2021. 2.17	新型コロナワクチン先行接種始まる医療従事者約4万人対象
	2021. 2.19	東京都内、新たな感染確認が減少する一方、65歳以上の高齢者の割合が2か月連続で上昇
	2021. 2.26	緊急事態宣言、首都圏1都3県以外を解除
	2021. 3. 1	東京都、重症患者用の確保病床数を国の基準に基づく報告に変更
	2021. 3. 3	変異ウイルス対策強化で新たに13の国や地域からの入国者に待機要求
	2021. 3. 5	首都圏1都3県の緊急事態宣言2週間延長（3.21まで）
	2021. 4. 5	大阪、兵庫、宮城の6市に「まん延防止等重点措置」を適用（5.11まで）
	2021. 4.10	東京、京都、沖縄の各区市に「まん延防止等重点措置」を適用（5.11までの予定を5.31まで延長）
	2021. 4.12	ワクチンの高齢者接種開始
	2021. 4.20	首都圏の神奈川、埼玉、千葉、愛知の各市に「まん延防止等重点措置」を適用（5.11までの予定を6.20まで延長））
	2021. 4.25	東京、大阪、兵庫、京都に三度目の緊急事態宣言を発令（5.11までの予定を6.20まで延長）、愛媛県にまん防を適用
	2021. 5. 9	北海道、岐阜、三重の各市に「まん延防止等重点措置」を適用（6.20まで）
	2021. 5.12	愛知、福岡に緊急事態宣言を発令（6.20まで）
	2021. 5.16	北海道、岡山、広島に緊急事態宣言を発令（6.20まで）、群馬、石川、熊本の各市に「まん延防止等重点措置」を適用（6.13まで）
	2021. 5.23	沖縄に緊急事態宣言を発令（6.20までの予定を7.11まで延長）
	2021. 6. 4	沖縄県立学校に臨時休業決定（6.7から6.20まで）
	2021. 6.21	全国の事業所と大学でワクチン接種開始

出所：朝日新聞「コロナの時代　官邸、非常事態」（2020年7月12日付～7月18日付）及び内閣官房新型コロナウイルス感染症対策ウェブサイト https://corona.go.jp/、NHK新型コロナウイルス特設サイト https://www3.nhk.or.jp/news/special/coronavirus/、東京都・東京都防災の各ウェブサイト等より岩松真紀・朝岡幸彦作成。

浜港にダイヤモンド・プリンセス号が入港して臨時検疫を開始したことが、新たな展開をもたらしました。2月13日には国内初の死者が出るとともに、政府対策本部が「新型コロナウイルス感染症に関する緊急対応策」を決定（2月14日に専門家会議を設置）し、新型コロナを検疫法第34条の指定感染症としたことを受けて、2月17日に厚労省は「相談・受診の目安」（風邪症状や37・5度以上の熱が4日以上続く場合）を公表しました。

【第Ⅱ期（拡大期）】２０２０年3月12日まで

２月25日に政府対策本部は「新型コロナウイルス感染症対策の基本方針」を決定しました。安倍首相は全国的なスポーツ・文化イベント等の２週間の中止、延期または規模縮小等の要請をし（２月26日）、全国すべての小中高校と特別支援学校に対して３月２日から春休みに入るまでの臨時休校を要請しました（２月27日）。この要請を受けて、３月４日時点で全国の公立小学校の98・８％、中学校の99・０％、高等学校の99・０％、特別支援学校の94・８％が「臨時休業」を実施しています。また、３月９日には専門家会議が「新型コロナウイルス感染症対策の見解」を発表して、いわゆる「三密」（①換気の悪い密閉空間、②多くの人の密集場所、③近距離での会話や発声をする密接場面）の回避を呼びかけました。

【第Ⅲ期（規制強化期①）】２０２０年5月13日まで

政府は、「新型インフルエンザ等対策特別措置法」の一部を改正し（３月13日公布）、３月26日には特措法第15条に基づく政府対策本部が設置され、28日に「新型コロナウイルス感染症対策の基本方針」が決定されました。４月７日に７都府県（埼玉、千葉、東京、神奈川、大阪、兵庫、福岡）を対象に緊急事態宣言が発令され、４月16日には全国に対象区域が拡大されました。宣言と同時に改定された基本的対処方針では「最低７割、極力８割程度」の接触機会の削減を目指すことが明記されました。その後、緊急経済対策や補正予算の成立を経て、専門家会議から「新しい生活様式」が公表されます（5月4日）。

【第Ⅳ期A（規制緩和期①）】2020年7月末まで

政府が39県の緊急事態宣言を解除（5月14日）して以降、全国での解除（5月25日）を経て、次第に感染者数が増加するなかでも、イベント開催制限の緩和（7月10日）、ＧｏＴｏキャンペーンの開始（7月22日）など規制の緩和へと向かう政策がとられます。

【第Ⅳ期B（規制緩和期②）】2021年1月6日まで

8月1日以降、ＧｏＴｏトラベルのほか、ＧｏＴｏＥａｔ、ＧｏＴｏ商店街などの経済策が打ち出されるなかで、やがて1日当たり新規感染者数の増加が続きました。2回目の緊急事態宣言が求められ、新型コロナウイルスをめぐる差別・偏見も、感染拡大とともに広がりました。

【第Ⅴ期（規制強化期②）】現在まで

さらに秋から冬にかけての感染者の急増（第三波）の到来を受けて、2021年1月7日に二度目の緊急事態宣言を1都3県（東京、神奈川、埼玉、千葉）に発令（1月13日にさらに7府県を追加）しました。当初2月7日までを予定した緊急事態宣言でしたが、結局3月21日まで（7府県は2月16日に解除）延長されています。1回目と違い2回目は「限定的、集中的」で、午後8時以降の外出自粛、飲食店などに営業時間の短縮を要請するものでした。その後、感染者の急増（第四波）を受けて、9都府県の各区市に「まん延防止等重点措置」が適用されました。4月25日には、東京・大阪・兵庫・京都に三度目の緊急事態宣言が発令されています。その後、愛知・福岡が追加されて6都府県が6月20日まで延長されたほか、5月16日には北海道・岡山・広島で6月20日まで宣言が発令されました。また、沖縄・神奈川・埼玉・千葉・岐阜・三重（6月20日まで）に加えて、5月16日から群馬・石川・熊本の各市に6月13日まで重点措置が適用されました。沖縄は5月23日に緊急事態宣言（7月11日まで）に切りかえられました。

『新型コロナ対応民間臨時調査会　調査・検証報告書』（アジア・パシフィック・イニシアティブ、2020年10月）が、5月29日の「状況分析・提言」で一定の成果を上げたと評価された成功要因を、①感染拡大の早期検出、②ダイアモンド・プリンセス号への対応の経験、③国民皆保険による医療へのアクセスの良さ、④保健所を中心とした地域の公衆衛生水準の高さ、⑤市民の衛生意識の高さや生活習慣、⑥国民の協力の度合いの高さ、⑦効果的なクラスター対策の実施、と整理しています。報告書は、日本政府の第一波への対応（日本モデル）とその結果を「泥縄だったけど、結果オーライだった」（官邸スタッフヒヤリング）という言葉で表現しています。とはいえ、「関係者の証言を通じて明らかになった『日本モデル』の形成過程は、戦略的に設計された緻密な政策パッケージのそれではなく、様々な制約条件と限られたリソースの中で、持ち場持ち場の政策担当者が必死に知恵を絞った場当たり的な判断の積み重ねであった」と指摘されています。その「泥縄」的で「場当たり的な判断」の典型的な事例が、安倍首相（当時）による学校一斉休校の要請であったと考えられます。

2　学校一斉休校と学校における防疫指針

(1)　学校一斉休校の背景

それまで教育委員会や学校の判断を尊重するかたちで進められてきた学校等の教育現場における新型コロナ対応に、一律の対応を迫ったものが安倍首相による全国一斉学校臨時休校の要請（2月27日）でした。この全国一斉休校要請に至る経緯を新型コロナ民間臨調報告書は、「専門家の発信に影響された政策決定」として分析しています。

専門家会議は、2月24日に「新型コロナウイルス感染症対策の基本方針の具体化に向けた専門家の見解」を出し、その記者会見において尾身茂副座長（当時）が「コロナウイルスに対する戦いが今、まさに正念場というか今まさに瀬戸際に来ている」と発言しました。専門家会議による「瀬戸際」発言は全国一斉休校の要請を想定していませんでしたが、この発言を深刻に受け取った安倍首相が補佐官のアイデアをそのまま要請として発言したとされます。政府対策本部（第13回）で策定した「基本方針」（2月25日）での全国一律の自粛要請を行わないという方針が、翌日の政府対策本部

（第14回）席上で「突然の変更」をされたことに出席者は戸惑い、現場は混乱を極めたと証言されています。文科省事務次官通知（2月28日）にあるように、公立学校の臨時休校は学校保健安全法第20条の規定に基づいて「学校の設置者」が行うものとされており、全国一律の一斉休校を要請する権限は首相に存在しません。法的な根拠のない安倍首相からの休校要請であったにもかかわらず、公立学校のほぼ99％が「臨時休業」しました（文科省、2020年3月4日（水）8時時点・暫定集計）。

萩生田光一文科相は慎重な姿勢をみせ、文科省として一斉休校の必要はないと考えていると申し入れたものの、官邸は一斉休校実施に向けて調整を進めました。2月27日の政府対策本部（第15回）において、安倍首相は「全国すべての小学校、中学校、高等学校、特別支援学校について、来週3月2日から春休みまで、臨時休業を行うよう」要請しました。この時点でも、萩生田文科相は春休みの前倒し（春休み時に授業が可能）と理解していたのに対して、安倍首相が「ずっと閉じます」と発言したことで一斉休校の意味が政権内で十分に整理されないまま進められていました。

このように専門家会議でも疫学的な観点から効果に疑問が出され、学校を所管する文科省の意図とも異なる形で唐突に提起された全国一斉休校の要請は、学校教育現場に多くの混乱をもたらしました。直後のNHKの世論調査では、臨時休校の要請は「やむを得ない」との回答が69％を占めるなど、国民から一定の評価を受けたと指摘されています。しかしながら、日本小児科学会による病院アンケート調査（全国の約150病院、1月から10月上旬に感染した472名の子ども）の結果から、感染場所の8割が家庭で、学校や保育園・幼稚園は約1割にすぎなかったことが明らかとなっています（東京新聞、２０２０年11月1日付）。その意味では、２０２０年6月から２０２１年1月までに新型コロナに感染した児童・生徒の約半数（６３９４人）が、全国的な感染者の増加に比例して1月上中旬に感染していると文科省が公表する（2月26日）など、学校の再開・休業とは別の要因で感染しているとも考えられます（朝日新聞、２０２１年2月27日付）。

(2) 文科省の初動対応と通常の感染対策

新型コロナの感染状況に合わせて、文科省から多くの通知・依頼・事務連絡等の文書が出されています。新型コロナの感染対策としてもっとも早い時期に出された文書が、「新型コロナウイルスに関連した感染症対策に関する対応について（依頼）」（２０２０年1月24日／文科省総合教育政策局教育改革・国際課他）でしょう。ここでは、中国武漢市を含む湖北省全域が渡航注意勧告に指定されたことを受けて、「現時点では本疾患は、持続的なヒトからヒトへの感染の明らかな証拠はありません。風邪やインフルエンザへの対策と同様に、咳エチケットや手洗い等、通常の感染対策を行うことが重要です」（傍点は引用者）と述べています。その後、新型コロナが「指定感染症」に指定されたことを受けて、「新型コロナウイルス感染症の『指定感染症』への指定を受けた学校保健安全法上の対応について」（1月28日／文科省総合教育政策局生涯学習推進課、初等中等教育局健康教育・食育課、高等教育局高等教育企画課）が出され、「校長は、当該感染症にかかった児童生徒等があるときは、治癒するまで出席を停止させることができます」と通知しました。

中国からの帰国者（児童・生徒）の感染対応から国内での感染対策にシフトしたものが、「児童生徒等に新型コロナウイルス感染症が発生した場合の対応について」（2月18日／厚労省健康局結核感染症課、文科省初等中等教育局健康教育・食育課）などでした。併せて、感染症対策のポイントを知らせる目的で「学校における新型コロナウイルスに関連した感染症対策について」（2月18日／文科省初等中等教育局健康教育・食育課）が出されました。この時点での「学校保健安全法第19条による出席停止」とする目安は、①「風邪の症状や37・5度以上の発熱が4日以上続く場合（解熱剤を飲み続けなければならない場合も同様）」、②「強いだるさ（倦怠感）や息苦しさ（呼吸困難）がある場合」、③「医療機関において新型コロナウイルスに感染していると診断された場合」でした。

文科省の通知等にある「通常の感染対策」をまとめているものが、『学校において予防すべき感染症の解説〈平成30（2018）年3月発行〉』（公財・日本学校保健会）です。この解説では、「学校において予防すべき感染症の考え方」で取り上げられる感染症の中に、まだ新型コロナは加えられていません。ただし、SARSコロナウイルスとして「重症急性呼吸器症候群」「中東呼吸器症候群」が「第一種の感染症」に区分され、「出席停止期間の基準は、『治癒するまで』である」と説明されています。ここで注目されるのが、「学校で通常見られないような重大な流行が起こった場合には、その感染拡大を防ぐために、必要があるときに限り、校長が学校医の意見を聞き、第三種の感染症の『その他の感染症』として緊急的に措置をとることができる」と説明されていることです。つまり、新型コロナはSARSコロナウイルスであることから第一種感染症に区分されるものでありながら、その特性が明らかになるまでは「その他の感染症」として扱われたと思われます。

とりわけ、学校における感染症の予防・拡大防止の手段として、学校保健安全法に具体的に規定されているものが「出席停止と臨時休業」です。学校保健安全法には「第十九条　校長は、感染症にかかっており、かかっている疑いがあり、又はかかるおそれのある児童生徒等があるときは、政令で定めるところにより、出席を停止させることができる」「第二十条　学校の設置者は、感染症の予防上必要があるときは、臨時に、学校の全部又は一部の休業を行うことができる」と規定されており、学校保健安全法施行令には「出席停止の指示」（第6条）「出席停止の報告」（第7条）が、学校保健安全法施行規則には「臨時の健康診断」（第10条）「感染症の種類」（第18条）「出席停止の期間の基準」（第19条）「出席停止の報告事項」（第20条）「感染症の予防に関する細目」（第21条）が示されています。また、新型コロナ初動期に問題となった海外（ここでは中国武漢市・湖北省等）からの帰国児童・生徒への具体的な対応が示されているのが、「海外からの児童生徒等の受け入れ」の項目ですが、結核の高まん延国で6か月以上の居住歴のある児童生徒等に関する解説に留まるため、今回の新型コロナのような事態に機敏に対応できるものとはなっていません。

このように、新型コロナは「想定外」とは言えないものの、学校における「通常の感染対策」だけでは十分に対応しきれないものでした。こうした学校現場における試行錯誤の中で、校長や学校設置者の「出席停止や臨時休業」に関する判断や権限を尊重して対応するという流れに、変更を求めたものが安倍首相（当時）の学校一斉休校の「要請」でした。

⑶　「学校における新型コロナウイルス感染症に関する衛生管理マニュアル」の特徴

学校における「通常の感染対策」を規定した『学校において予防すべき感染症の解説』の限界を乗り越えようとしたものが、２０２０年5月22日に公表された『学校における新型コロナウイルス感染症に関する衛生管理マニュアル～「学校の新しい生活様式」～』（以下、マニュアル）（文科省初等中等教育局健康教育・食育課）でした。文科省は初動期（第一期　潜伏期）の模索を経て、「新型コロナウイルス感染症対策の基本方針」（2月25日／新型コロナウイルス感染症対策本部決定）を受けて、各種の通知等の改訂によって、学校現場に新型コロナ感染対策を指示してきました。こうした通知等をまとめたものが、このマニュアルであり、その後、5回（6月16日、8月6日、9月3日、12月3日、２０２１年4月28日）の改訂が行われています。

このマニュアルにおける「出席停止」に関する判断の特徴の一つは、「児童生徒等の感染が判明した場合又は児童生徒等が感染者の濃厚接触者に特定された場合」に加えて、「発熱等の風邪の症状がある場合には、児童生徒等も教職員も、自宅で休養することを徹底します（レベル3及びレベル2の地域では、同居の家族に風邪症状が見られる場合も登校させないようにしてください）」としていることです。学校保健安全法施行令第6条で「校長は、法第十九条の規定により出席を停止させようとするときは、その理由及び期間を明らかにして、幼児、児童又は生徒にあってはその保護者に、高等学校の生徒又は学生にあっては当該生徒又は学生にこれを指示しなければならない」とされており、

「発熱等の風邪の症状（及び同居の家族に風邪症状が見られる）」という理由で児童生徒を出席停止として良いのかという問題があります。ＰＣＲ検査等によって「陽性」と診断される前に新型コロナに感染しているとの「疑い」に基づいて、出席停止を命ずることが予防措置としてどこまで認められるのか問題となるでしょう。

他方で、「臨時休業」の判断について、①設置者は保健所に臨時休業の実施の必要性について相談すること、②校長は感染した児童生徒等に出席停止の措置をとること、③保健所の調査によって濃厚接触者と判定された者の出席停止の措置をとること、④これらにとどまらず学校の全部または一部の臨時休業を行う必要があるかどうかについて、設置者が保健所の調査や学校医の助言等を踏まえて検討し判断すること、と多くの前提条件を求めています。これは、マニュアル（2020.9.3 Ver.4）で「感染者が判明した時点で直ちに臨時休業を行う対応」を示していた方針を変更したものであり、①感染が拡大しやすい場面がわかってきた、②(学校以外の）他の社会経済活動では感染者の発生により直ちに閉鎖や活動停止まで行わない、③10代以下の罹患率が低い、④感染者が発生しても臨時休業を全く行わなくても感染が広がらなかった事例が大部分である、などの理由をあげています。実際に、学校現場における運用状況は「感染者が発生した学校１９９６校のうち、臨時休業を実施しなかった学校が55％（１１０６校）、学校全体の臨時休業を行なった学校が26％（５１７校）、特定の学年・学級の臨時休業を行なった学校が15％（２９７校）となっています」（８／11～11／25に文科省に報告があった学校数）と紹介しています。

最新のVer.6（4月28日版）の改訂の主な特徴は、変異株（N501Y及びE484K）に関する記述がつけ加わえられていることです。厚労省及び日本小児科学会、専門家アドバイザリーボードの資料や発言をもとに子どもが感染しやすかったり、重症化しやすいなどの証拠はないとしていますが、「従来株と比較すると、変異株の子供への感染力は強い可能性があるため、…児童生徒等への影響については引き続き注視していく必要があります」と述べています。2020年6月1日から2021年4月15日までの児童生徒の感染状況について、小学生が6183人（有症状者率35％）、中学生が4072人（52％）、高校生が7046人（63％）と報告されており、「学校内感染」がそれぞれ5％、7％、24％であることから学校が感染の中心となっていないとします。こうした分析を受けて、「地域一斉の臨時休業については、児童生徒の学びの保証や心身への影響、学齢期の子どもがいる医療従事者等の負担等の観点を考慮し、慎重に検討する必要があります」と追記しました。

3　「学ぶ」権利を制限することは許されるのか

広瀬巌は、「個人の権利と自由を実際に制限するにあたって明確にされるべき基準」として、①公衆衛生上の必要性があること、②手段が合理的かつ効果的であること、③制限と効果の釣り合いが取れていること、④分配的正義を考慮すること、⑤信頼性と透明性があること、をあげています。こうした基準は、「シラクサ原則」（1985年）の提示する政府による個人の権利と自由の制限が、

①法的な根拠があり、②正当な目的のために課せられ、③民主社会において必要最低限で、④可能な限り最小の制限と干渉にとどめられ、⑤恣意的・不合理・差別的なものではないものでなければならない、を踏まえたものです。これは、人間の基本的な権利と自由を制約することを可能にする「危害原理」(harm principle)、「ある個人の自由への制限を可能にするのは、その個人が他人に対して危害を加えることを防ぐことだけである」に依拠しています。問題は、①学校一斉休校を含む子どもや市民の「学ぶ」権利を制限することがパンデミックのもとで危害原理によって正当化されるのか、②学校を休校にしたり社会教育施設等を閉館にすることが妥当な方法なのか、ということでしょう。学校一斉休校という「学ぶ」権利の制限を5つの基準に即して検討すると、「個人の権利と自由を実際に制限するにあたって明確にされるべき基準」のいずれも満たしていないことがわかります。さらに、法的な根拠を示さずに「要請」という方法で全国の学校に一斉休校を求めたことは、シラクサ原則に照らしても妥当とは言えません。

子どもや市民の「学ぶ」権利の制限が正当化されるためには、権利を制限される「個人が他人に対して危害を加える」ことを明示する必要があります。しかしながら、感染者及び濃厚接触者でない個人(軽症者や無症状者以外に多くの非感染者が含まれる)が危害を加えることを証明することはむずかしく、学校における「通常の感染対策」を越える措置を取ることは正しいとは言えません。他方で、学校一斉休校によって生じるリスクとしてもっとも明らかなものは、子どもを養育している医療従事者が出勤できなくなるという問題です。それは、ワクチン接種の優先順位において、第3

の「エッセンシャルワーカー」の候補として(8)保育園や小中学校の職員があげられていることからもわかります。

さらに、「私たちの目の前にあるのは、命か自由かの選択ではない。命を守るために他者から自由に学び、みずから自由に表現し、互いに協力し合う道筋をつくっていくこと。それこそが、この緊急事態を乗り越えていくために必要なのだ、と私たちは考える」（日本ペンクラブ声明、2020年4月7日）という視点も重要です。緊急事態宣言のもとで「命か自由かの選択」として制限を受けることを「やむをえないもの」と断定できるのかという問題です。新型コロナの第一波を強制力のほとんどない緊急事態宣言によって「乗り切った」と評価された日本で実施された公共施設の「休館（閉館）」や「中止又は延期」は、物理的な強制力をともなうものです。長期間にわたる公共施設の閉鎖や市民の文化・学習活動の中止がどこまで認められるのか、ここには経済問題とは別の「権利の制限」という問題があることに注目する必要があります。「移動の自由や職業の自由はもとより、教育機関・図書館・書店等の閉鎖によって学問の自由や知る権利も、公共的施設の使用制限や公共放送の動員等によって集会や言論・表現の自由も一定の制約を受けることが懸念される」（日本ペンクラブ声明）のです。

ここで改めて、ユネスコ『学習権宣言』（1985年）を思い起こす必要があります。「学習権は未来のためにとっておかれる文化的ぜいたく品ではない。それは、生存の欲求が満たされたあとに行使されるようなものではない。学習権は、人間の生存にとって不可欠な手段である」。まさに、新型コロナと「共存」する社会の中で、どのように「学び」を継続・発展させることができるのか。私たちは歴史に試されているのです。

参考・引用文献

1　広瀬巌『パンデミックの倫理学』、勁草書房、2021年。
2　ハリー・コリンズ『我々みんなが科学の専門家なのか?』、法政大学出版局、2017年（原著は2014年）。
3　『新型コロナ対応民間臨時調査会　調査・検証報告書』、アジア・パシフィック・イニシアティブ、2020年10月。
4　民主教育研究所編『民主主義教育のフロンティア』、旬報社、2021年。
5　水谷哲也・朝岡幸彦編著『学校一斉休校は正しかったのか?』、筑波書房、2021年。
6　日本ペンクラブ声明『緊急事態だからこそ、自由を』、一般社団法人日本ペンクラブ会長　吉岡忍、2020年4月7日。

第3章

新型コロナ禍の
公民館・図書館・自然学校の取り組み

NPO 法人グリーンウッド自然体験教育センター提供

1　新型コロナウイルス感染症拡大にともなう公民館の模索
——試される「公民館の底力」

伊東静一

はじめに

ここでは、「公民館って何をするところ？」という方が少なからずいると思いますので、公民館がどのような経緯で生まれ、今日まで私たちの暮らしの中でどのような役割を果してきたのかを、東京多摩地域を中心に説明します。そして新型コロナウイルス感染症拡大（以後、「コロナ禍」と表記）により、２０２０年2月末には小・中・高校が一斉休校となり、3月には公民館も休館となってしまいました。今までのように住民が自由に公民館を利用できないなかで、東京多摩地域の公民館職員や住民が行っていた「学習を止めない」様々な工夫や取組みを紹介し、コロナ禍でも継続的な住民の学習が保障されるような仕組みづくりを、住民と自治体が培ってきたのかを考えます。

1　公民館って何をするところ

文部科学省が継続的に行っている社会教育調査によれば、２０１８年10月１日現在、日本全国に公民館は１万４２８１館あります。とはいえ、現在では東京都の区部に公民館はなく、生涯学習センターや文化センターなどがあるのみです。しかし、多摩地域（東京都西部）の26市３町１村の自治体には、１９８７年には84か所、２０１１年でも71か所の公民館がありました。*1

公民館は第二次世界大戦後まもない１９４６年７月、当時の文部省から「公民館の設置運営について」という文部次官通牒が日本各地の地方長官に発せられ、戦後の公民館制度が発足しました。その背景には、戦争によって荒廃した人心を立て直し、日本を民主的で平和な国家へと再建するため、その基礎となる郷土の中核機関として公民館が構想され、住民が学びあい・交流しあい・連帯しあう場であり、地域づくりの主体を形成する拠点として設置されました。

文部次官通牒発布当時は農業主体の社会であった背景もあり、農業に関する研修や青年団活動の拠点となっていました。しかし、１９６２年に全国総合開発計画が閣議決定され、これまでの農業中心の社会から工業中心の社会へと産業構造を転換し、必然的に人口移動が起きました。日本各地の農山村では過疎化が進み、都市近郊では人口の急増と新住民による様々な生活改善要求が増えるとともに地域共同体としての意識が衰退し、青年団の解散、自治会・町内会などの形骸化が見られるようになりました。特に都市化が進む地域での、公民館の役割・位置づけが問われ出しました。そのため、多摩地域では都市社会教育論構想としての「公民館三階建論」[*2]に続き、1974年には「公民館は、地域における住民の自由なたまり場、交流の場をかねそなえた学習と文化の殿堂です」とする、『新しい公民館像をめざして』(通称「三多摩テーゼ」)が当時の東京都教育庁社会教育部から(1974年)発刊され、都市型公民館像が明確にされました。

三多摩テーゼの発刊から今日まで、公民館利用者は対面での学習や交流を基本的なスタイルとする公民館で学びあい、人とつながることに生きがいを感じる人も多く、公民館は自治体のコミュニティ政策としても重要な社会教育施設となりました。

2　新型コロナウイルス感染症の拡大に対応した東京多摩地域の公民館

東京都防災ホームページによれば、2020年2月末時点のコロナウイルス累計陽性者数は37人でしたが、多摩地域内の公民館は新型コロナウイルスの感染拡大を恐れて、飛沫感染のリスクが高いとされるコーラス活動や調理室利用を制限し、2月中旬以降に予定されていた公民館主催事業を中止・延期しましたが、公民館は開館されていました。この時期の公民館職員は、新型コロナへの対処は初めての体験であり、アルコール消毒液の確保や各部屋の利用後に次亜塩素酸によるイスやテーブルなどの消毒作業等を通して緊張感を高めていました。そして、3月2日から小・中・高校が休校とされると、多摩地域のほとんどの公民館が3月初旬から6月上旬まで休館となってしまいました。

この時期に、多摩地域の11市（昭島市、町田市、小金井市、小平市、日野市、国分寺市、国立市、福生市、狛江市、東大和市、西東京市）の公民館で構成する東京都公民館連絡協議会（以下、「都公連」と表記）では、都公連事務局市の職員が加盟公民館におけるコロナ禍での対応情報の収集と共有をはじめました。

具体的な内容として、2020年2月下旬から6月初旬まで、都公連に加盟する各公民館の利用状況や主催事業実施の可否に関する判断・情報等を、都公連事務局市の職員がほぼ毎日（2回目の緊急事態宣言時は適宜）電子メールにより情報収集・発信し、加盟公民館内で共有していました。このような取組みが成り立つ背景には、「館長部会」「公民館運営審議会委員部会」「職員部会」の活動が活発であり、特に公民館運営審議会委員部会と職員部会はほぼ毎月定例部会が開かれ、加盟公民館同士の情報が比較的共有しやすい状況にあったからだと思われます。

近隣市の状況を判断できる情報が次々と入手できたことで、公民館職員は安心感と一体感を得ることができ、孤立することなく様々な判断と対応ができました。

⑴　緊急事態宣言下の「休館」から「再開館」までの公民館の対応

4月7日の緊急事態宣言発令にともない、自治体の各職場で職員の出勤が7割減とされました。公民館の休館中、公民館利用者は仲間との出会いや学びの機会を失うことにより、孤立する不安と新型コロナウイルス感染の恐怖を職員に伝えていましたが、公民館（職員）が独自の判断で住民を集めるといった対応ができる状況ではありませんでした。

職員は休館中減員とされた体制の中でも、感染リスク軽減のための新たな業務の増加と、主催事業の変更や中止連絡などの対応に追われました。また、緊急事態宣言中の5月には一人10万円の特別定額給付金、休校中の学校の校庭開放にともなう子どもたちの見守り活動などに動員されたケースも多くありました。職員間では、職員同士の日常会話の必要性や事業企画での話し合いを通した合意形成の重要性が改めて実感されました。一方で、インターネットを通して今までつながりのなかった人と知り合うことができ、新たな事業実施といった可能性も実感できたのです。

そして、5月の連休明けから下旬にかけて感染者数が減少し、緊急事態宣言が解除される見通しが出てきた公民館の再開館に向けて、全国公民館連合会作成の「公民館における新型コロナウイルス感染拡大予防ガイドライン」を参考に、各公民館で「新型コロナウイルス感染拡大防止運営方針」を作成しました。主な内容は、公民館利用者の密集・密接・密閉の三密を防ぐために、部屋の定員や机・椅子の数を減らし、飛沫防止シールドを設置するなどの対策をとりました。その結果、公民館の利用に際してはマスクの着用、人と人との距離の確保（フィジカル・ディスタンス）、利用前の検温や体調の確認など、「新たな生活様式（ニューノーマル）」に即した利用を求めるようになりました（**表3－1－1**）。

表3－1－1　第一期緊急事態宣言下の対応

質問項目			回答データー（筆者が選択して記述）
1	公民館・生涯学習センターの閉館状況について	1-1　閉館 閉館：○	都公連加盟館全てが休館対応
		1-2　閉館期間	3月1日～6月7日までの間（各自治体によって閉館開始と再開館日時は異なっている）
		1-3　その他（印刷機貸出し状況等）	コピー機、印刷機、公共施設予約システムの利用も中止、5/26から印刷機は条件付で貸出し可。（要予約。1回につき30分まで。マスク着用。1,2名で。）
2	イベント、行事、講座について	2-1　イベント、行事の実施、中止判断時期（ホールや全館を使った比較的大規模なもの。まつりや大会など）	9月までの公民館主催事業は中止。緊急事態宣言期間中の各公民館恒例の公民館まつりは、全て中止。
		2-1-1　イベント、行事の中止期間	9月までの公民館主催事業は中止。自治体によっては、10月～11月3日まで開催される市民文化祭も中止。
		2-2　講座の実施、中止判断時期（集会室等を使用した主催講座など）	5月末に上半期分を決定。（例年上半期は文化祭準備のため主催講座をあまり入れていない）下半期以降は未定。
		2-2-1　講座の中止期間	9月末まで
3	貸館について	3-1　利用開始日、申請方法	6月2日より消毒・換気・マスク着用・ソーシャルディスタンスの確保など踏まえて、各部屋の定員を半減し、段階的に開館。夜間利用や調理室・ロビー等の利用は中止。6月分利用団体に電話周知。HP・市報（6/1号）周知
		3-2　利用のルール	市の公共施設再開ガイドライン及び公民館ガイドラインを作成、リスク洗い出しの上ルール化。マスク着用の徹底、出入り口での手指消毒、人間同士2mの距離確保、一定時間での換気の徹底、37.5℃以上の利用不可、2週間以内に海外渡航歴のある方不可。参加者名簿作成しサークル保管。利用後の消毒のお願い、活動内容によっては制限あり。
		3-3　利用の制限	カラオケ、合唱、吹奏楽、軽体操、ヨガ、ダンス、調理、囲碁、将棋などは不可、定員の削減がほぼ共通。各サークルにより、利用形態は様々なので、利用予約しているサークルと事前相談を実施した公民館もあった。学習室等の人数制限（学習室等の面積を、1人あたり前後左右各1mの間隔を確保した面積

			（$4m^2$ あたり1人）で割った数を制限人数とする）・麻雀、ボードゲーム、社交ダンス、激しいダンス、不特定多数が参加するイベント活動は制限する。
		3-4　申請方法（窓口、電話、予約システムがある場合照会のみか予約可能か。）	予約システムをいつから稼働させるか検討。窓口での予約は密になる可能性が高いので好ましくないと考えている。6月1日〜7日…8月分抽選申込。6月9日〜15日…8月分抽選確定期間。6月16日…6月17日〜30日、7月分、8月分随時申込開始など、多様な状況。
		3-5　通常の申請開始日と申請可能期間	一例として6/2〜6/30分申請は5/1抽選会。7/1〜7/31分申請は6/2抽選会。（ただし、緊急事態宣言解除等の状況により、6/2抽選日の変更も検討する可能性あり。）各公民館で異なっている。
		3-6　課題等	①検温実施を検討したが、そこに割ける人員の確保ができない。 ②使用箇所の消毒を利用者に任せて良いのか、職員又は清掃業者などが実施すべきでないか。 ③3-3での利用制限を実施した場合、利用できる活動が限定され、ほぼ利用できないのではないか。 6月分の先着受付と、7月分の抽選会が6/2の開館時間に重なるため相当の混雑が予想される。
4	その他	4-1　自由意見	（略）

出所：東京都公民館連絡協議会緊急事態発令後の第一期状況調査結果より筆者作成。

都公連加盟市を対象とした公民館調査の自由記述欄に、職員としての再開館に向けての悩みや戸惑いが記述されていましたので、以下に抜粋します。

・消毒作業のため、使用時間の短縮（1区分3時間の内20分程度）や定員を削減して利用再開することを検討している。無料での利用団体は良いと思われるが、有料で貸出しする団体に制限をかけるとしたら、使用料の減額などを検討する必要があるのではないか。

・貸し部屋としての利用は団体としての判断だと思われるが、コロナ禍で市が主催し人を集めて良いのか。万全の対策をとれば大丈夫なのか悩ましい。

公民館利用団体のなかには、再開館後も感染不安を払拭できず利用再開を逡巡している高齢者中心の団体もありました。他方で、インターネットを利用した情報交換や発信を始めた利用者・団体もあり、直接住民同士が出会う「場」と学習スタイルが変容している現状と意味を考える必要が生じました。

(2) 第二期緊急事態宣言下の都公連での情報収集と共有

2020年から2021年にかけて2度発令された緊急事態宣言の間は、約半年の間がありました(**表3－1－2**)。多くの自治体で、特に義務教育については児童・生徒全員に情報端末が行き渡るような対応が目指されました[*3]。しかし、公民館・図書館・体育館などの社会教育施設には、職員や住民からWi－Fiやインターネットに接続できる情報端末設置への強い要求があったにもかかわらず、十分な対応ができた自治体は多くはありませんでした。2021年度の予算要求においても、多くの自治体が新規に情報機器の購入や整備費用を認められていない状況です。

それでも、2020年度中に情報機器とソフトウエアが導入できたいくつかの公民館では、インターネット接続による講座や工夫された情報の発信をはじめ、これまでの公民館利用者以外への情報拡散によるメリットが生まれています。都公連職員部会でもオンラインで事例報告や意見交換などの実験的な取組みを行いました。都公連と東京学芸大学との協働研修「CLC講座」も一時期を除いてオンラインによる研修が主となりましたが、2020年度後半にはほとんどの職員が自宅や公民館から参加できるようになりました。

表3－1－2　第二期緊急事態事態宣言下の対応

質問内容		
1 開館状況	1-1　開館状況 1　通常開館（現状維持） 2　一部閉館（1-3 に内容を記入） 3　完全閉館	ほとんどの自治体で一部閉館としている
	1-2　閉館期間（2,3 を選択された場合）	当初、1月9日から2月7日までとしたが、3月7日まで延長されている
	1-3　備考（一部閉館の内容等を記入）	夜間貸出中止。あるいは、早い館は18時から、遅くても20時までに閉館。既存の予約団体には活動自粛を要請（やむを得ない場合は19時30分までに活動終了するよう要請）
2 サークル活動	2-1　サークル活動の制限の有無（○の場合、2-3 に内容を記入）	8自治体が制限あり。3自治体は制限がなしとしている
	2-2　制限の期間	1月13日から2月7日までとしたが、3月7日まで延長されている
	2-3　制限の内容	管楽器の演奏、カラオケ・合唱等についての利用人数を各部屋定員の1/4とする他、夜間や調理室の利用禁止。公民館内での飲食不可など
	2-4　備考	現状の感染予防対策の徹底に努める 取消によるペナルティを免除する。現状の感染予防対策の徹底に努める
3 イベント・行事・講座	3-1　イベント、行事、講座の制限の有無（○の場合、3-3 に内容を記入）	4自治体が制限あり。他はなしとしている
	3-2　制限の期間	1月8日から2月7日までとしたが、3月7日まで延長されている
	3-3　制限の内容	夜間実施講座や重症化リスクの高い方向けの講座の一部中止。担当者会のオンライン開催。歌唱や飲食を伴う講座の内容変更。
	3-4　備考	不要不急の外出自粛を市民に呼びかけ周知。講座については、部屋の定員に収まる人数（通常のおよそ1/2）で募集し開催。 障害のある青年の交流講座は中止。現状の感染予防対策の徹底に努める
4 貸館業務	4-1　利用制限の有無（○の場合、4-3 に内容を記入）	9自治体が制限あり。2自治体はなしとしている
	4-2　制限の期間	1月8日から2月7日までとしたが、3月7日まで延長されている
	4-3　制限の内容	利用人数制限（定員の50%）、夜間時間帯の新

		規予約の停止。水分補給以外の飲食不可、調理実習不可
	4-4　備考	現状の感染予防対策の徹底に努める
5 職員の勤務状況	5-1　職員の勤務内容等の制限の有無（○の場合、5-3 に内容を記入）	9 自治体が制限あり。2 自治体はなしとしている
	5-2　制限の期間	1 月 8 日から 2 月 7 日までとしたが、3 月 7 日まで延長されている
	5-3　制限の内容	時差出勤、テレワークの推奨。主催、参加する会議は可能な限り Web 会議とする。定時退庁を基本とし、時間外勤務については 19 時までとする
	5-4　備考	（略）
6 自由意見		談話室に於いて、10 月 1 日以降、食事（弁当など）は可能としてきたが、宣言を受けて 1 月 12 日から食事を不可としている。（市の全体方針）公共施設は原則、開館し、感染防止対策のうえ、事業を継続し、特に 20 時以降の活動自粛を促している。

出所：東京都公民館連絡協議会緊急事態発令後の第二期状況調査結果より筆者作成。

2回目の緊急事態宣言下での多摩地域の公民館・生涯学習センターの状況を、都公連が把握し情報を共有していました。自治体の方針によって公共施設の開閉館の状況が異なりますが、ほとんどの自治体は「一部閉館」として夜間の活動自粛を求め、利用人数を部屋の定員の50％に設定していました。主催講座については、夜間講座は時間帯の変更や中止となり、障がい者青年学級などは中止とされました。また、重症化リスクの高い人たちを対象とした講座は中止され、歌唱や飲食を伴う講座の内容は変更されました。しかし、一部の自治体では全ての公共施設が感染防止対策をしたうえで事業を継続し、20時以降の活動自粛を依頼して通常開館を維持した公民館もありました。

都公連は、2021年1月24日に実施された第57回東京都公民館研究大会を、今までの対面集会方式では実施できませんでしたが、基調講演から各分科会（事例報告と講師によるコメント）を参加者なしで実施し、その記録をホームページで動画配信しています。コロナ禍においても「学習を止めない」取組みは、試行錯誤ではありますが新たな公民館デザインとして始まっています。

3　公民館における新型コロナウイルス感染症対応の事例

都公連加盟市の一つである福生市が、2度の緊急事態宣言下の中で、具体的にどのような対応をしたのか紹介します。福生市公民館は、1977年に本館が設置され、1979年に松林分館が1980年には白梅分館が開館し、現在3館で公民館事業を展開しています。

⑴　緊急事態宣言後の福生市公民館の対応と影響

福生市公民館においても緊急事態宣言に基づいて2020年4月7日から5月31日まで休館措置をとり、一時的に公民館活動を停止しました。休館中の職員は、市民や公民館利用者の学習を止めないための方法を模索することを余儀なくされました。5月25日に緊急事態宣言が解除され、国や都のガイドラインに基づいて福生市公民館でも6月2日に多摩地域でいち早く再開館しました。しかし、再開館にあたって、①部屋の収容人数の半数での実施、②活動後の部屋の消毒作業、などの感染拡大防止策を利用者に求めました。再開館後は新型コロナウイルス感染を懸念して活動を自粛する利用者も多く、公民館は気軽に集い交流し学び合う開かれた学習空間から、閉塞した学習空間へと利用者の意識が変化してしまいました。時間が経つにつれて利用者の中でも独自にコロナ禍での公民館活動を模索し、活動が盛んになりつつあります。一方で、新たな対応を見出すことができず公民館利用をやめる団体もありました。今後は、このような状況を少しでも埋める方法を模索し続けることが、学習の支援者として公民館職員に求められていると思われます。

(2) ウィズコロナの公民館実践の模索と課題

福生市公民館では、コロナ禍で公民館利用者や市民の学習を止めない取組みや閉塞したイメージの脱却に向けて、新たな実践の模索をはじめました。その成果の一部が、①公民館広報紙を活用した誌面講座の実施（本館）、②「ちょこっと学ぼうデジタル公民館」の動画配信（松林分館）、③心を癒す空間の創造とした館緑化活動（白梅分館）です。

本館では公民館広報紙を活用した誌面講座を行っています。誌面講座は、文字通り広報紙に数ページにわたって講師に寄稿していただいた原稿を掲載し、市民全員が自宅で、講座を受講できるように公民館講座のあり方を模索していた中で生まれた取り組みです。２０２０年度に公民館広報紙（公民館ふっさ）が計３回発刊されました。

松林分館では「ちょこっと学ぼうデジタル公民館」と銘打って、福生市が登録しているYoutubeチャンネルにコロナ禍における生活のヒントになる動画をアップロードし、どこでも学習機会を保障することを目的としてはじまりました。現在3本の動画をアップロードし、誰でも閲覧できるようになっています。

白梅分館では、利用者がコロナ禍で気軽に集えなくなったことで、日常生活でも心が安らぐ場がなくなってしまい、公民館の花壇を使わせてほしいと職員に相談したことが契機となり、利用者と職員で心の癒し空間創造のための緑化活動が始まりました。それまで花壇は公民館職員の手によって管理されていましたが、活動を通して利用者が持ち込んだチューリップや日々草などが植えられ色鮮やかで心が安らぐ花壇となりました。現在は、この活動に興味関心をもった利用者や市民が緑化活動に協力し、花壇をとおして交流の場が作られるようになってきました。

当面の間、対面で集い交流し学び合うということができない状況が続くと思われます。このような未曾有の事態においても市民の学習を止めない学習方法と仕組みづくりを、今後も模索し続けていくことが求められています。

4 「公民館の底力」が試されている

2020年1月以降、新型コロナウイルス感染症に関することと感染症陽性者数は、連日テレビやインターネットで多くの情報が流され、自粛要請された生活のなかで自らの感染を防ぐために何をしなければならないのか対応に悩む日々が続きました。コロナ禍で公民館は休館を強いられながらも、住民の学びを止めないために様々な取組みをしてきました。学びに関する情報発信を増やすことで、新たな繋がりが生まれて学習の方法も多様化しました。

教育機関としての公民館では、コロナ禍においても地域社会の中で学びを必要としている人に、学習を保障する仕組みができているかが問われていると思います。時間と空間の共有という今までの学習スタイルではない新たな学びのデザインを、インターネットを利用し、公民館のアウトリーチを実現したといえばいえなくもありません。しかし、地域の住民全員がインターネット環境を自由に操作できる社会ではない現状だからこそ、日頃から住民同士の繋がりの実現と自治意識の確立を目指して、住民と自治体が協働の取組みをしているのか、常に評価・検証する視点が住民にも職員にもあるのかが問われていると思います。

参考・引用文献

1　「区市町村社会教育行政の現状」（東京都教育庁社会教育部１９８７年）と「平成23年度区市町村生涯学習社会教育行政データブック」（東京都教育庁地域教育支援部生涯学習課　２０１２年2月）。
2　「公民館三階建論」（「公民館活動の可能性と限界」日本社会教育学会年報第9集『現代公民館論』、１９６５年、徳永功）。
3　ＧＩＧＡスクール構想「Society 5.0 時代を生きる子どもたちに相応しい、誰一人取り残すことのない公正に個別最適化され、創造性を育む学びを実現するため、『1人1台端末』と学校における高速通信ネットワークを整備する」国の政策のこと。

2　新型コロナウイルス感染症と「図書館」
――どうしなやかにまなびつづけるか

呉服淳二郎

はじめに

『全国の公共図書館・公民館図書室の92％が休館』は、去年5月の出来事でした。『緊急事態宣言の解除後、休館は11館に減少』したのは、ことし4月ごく最近の出来事です。新型コロナウイルス感染症（COVID-19）は、社会生活に様々な影響を今なお与えています。中でも、身近なくらしにかかわる地域活動や生涯学習の場、公共施設が、感染症予防、うつる可能性がある病気が流行っているとの理由で休館や利用を止めるというこれまでにない出来事が起こっています。

「生きがい」や「まなび」につながる場所が、ある日、わたしたちのコントロールできない感染症によって、不便を強いられるあるいは使えなくなるという信じられないことが起こっているのです。いったい、何をすればいいのでしょうか。

本文を書いている私自身も、ちょうど1年前まちの図書館に勤める一人として、大きな危機感を持っていました。勤めていた図書館も利用が制限されそのあと閉じる、いったいどうなるのだろうという状況がはじまっていました。

そしてこの危機感から、「まなび」をえたことを書いていきます。

なお、文章はあくまで個人の内容で、勤めている図書館やまち、参加団体を代表するものではありません。

1　しなやかに、「つながる」ということ

ちょうど図書館の利用制限がはじまり、この次は、となったのは2020年の4月、在宅勤務という言葉も囁かれるようになり、自分自身、図書館の世界、まだまだ知らないことばかりという中で、インターネットを検索していると「saveMLAK」というグループに行き当たりました。

saveMLAK（saveMLAK.jp）は、2011年の東日本大震災を契機に、出来た団体です。チームといったほうが適当かもしれません。MLAKとは「美術館・博物館（Museum）、図書館（Library）、公文書館（Archives）、公民館（Kouminkan）の英語頭4文字をとったものです。

震災や台風といった災害の被災状況を集約し、情報発信を行う。担い手である図書館の職員、司書や学芸員、社会教育や情報学を勉強する研究者、企業・団体の有志で支えられています。

私が関心を持ったのは、発端が東日本大震災だったということ。自身もある縁があって震災後ま

もなく、東北のある場所にごく短い期間ながら避難されている皆さんをサポートするという、一生忘れることのない経験をし、こうした大きな災害に、自分自身あるいは人間は何ができるのだろう、とずっと思い続けていました。

今回、感染症のまん延という、少なくとも現在に生きる私たちがこれまでに経験したことのない事態に直面し、まず、その現実はどうなっているのか、実態をつかむという活動をこのsaveMLAKは行おうとしていたのです。

もちろんこの活動は、参加する一人ひとりの熱い気持ちによって支えられています。一方で、これが義務感だけになってしまうのではなく、やりたいときに参加する、無理しない、こういったコンセプトが調査活動の根底にあることも、「ゆるやかに・しなやかに」つながっていく大きなポイントと思います。

「ゆるやかに・しなやかに」全国の知が持ち寄られるという動き、ここにも新鮮な驚きがありました。もちろん、平時でもここまで集まるというのが難しい、まして感染症のこともあり、気持ちも実際の行動も憚られる中、リモート（遠隔）というこの時代の新しい「つながり」により、リアルタイムで議論、動向の把握、そして結果の成果物が作られ、共有され、発信されるsaveMLAKの新しい調査の取り組みとなって進んでいくこととなりました。

手法を簡単に説明しますと、全国の都道府県や市区町村にある公共図書館あるいは、公民館にある図書室のウェブサイトを、参加者が目視確認するものです。

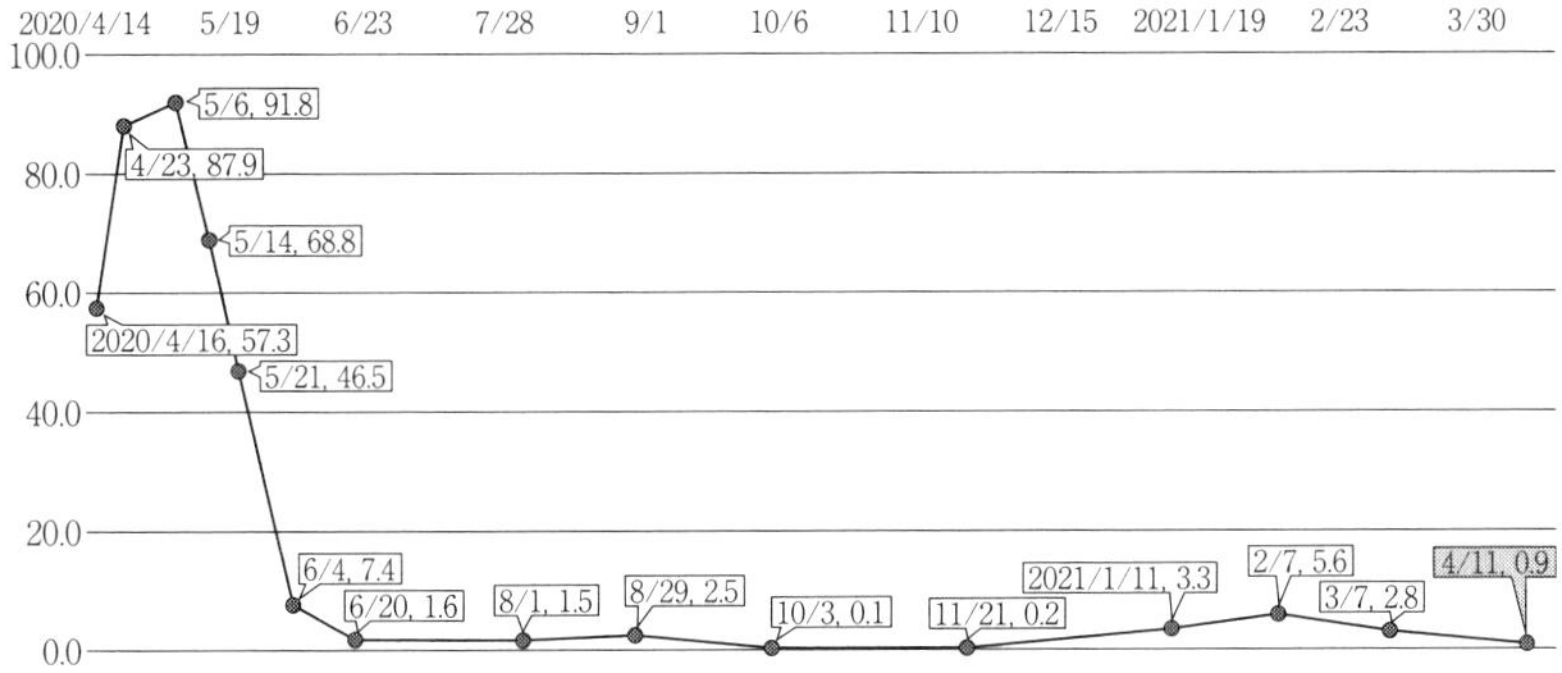

図３－２－１　全国公共図書館休館率状況（2020.4～2021.4）（単位：％）

出所：saveMLAK「COVID-19の影響による図書館の動向調査（2021/04/11）について」。

そこに、リモートで注目されるGoogle、Zoom、slackといったＩＣＴツールにより瞬時に情報共有、随時新たなサブジェクトが加味され、即応性の高い可視化されたリリースが毎回作成されていきました。冒頭に示した休館率の動向が明らかとなってきました。

図３－２－１は、そのもっとも象徴的とも言えます。休館率の状況を２０２０年４月から示したものです。

冒頭の「92％」はまさにこのグラフの最も高い位置、去年５月６日時点を指します。そして、最近では、この割合が０・９％とほとんどの図書館が開けている状況を指します。

今、開けていて大丈夫なの？という声があるかもしれません。

皆さんの身近な近くの図書館が今どのようになっているか、一度行ってみてください。

たとえば、座席を少し減らしたり、机にパーテーションと言いますが、透明なついたてがあったり、あるいは夜閉館する時間を繰り上げたり、体温を測ったり、図書館に入るのに

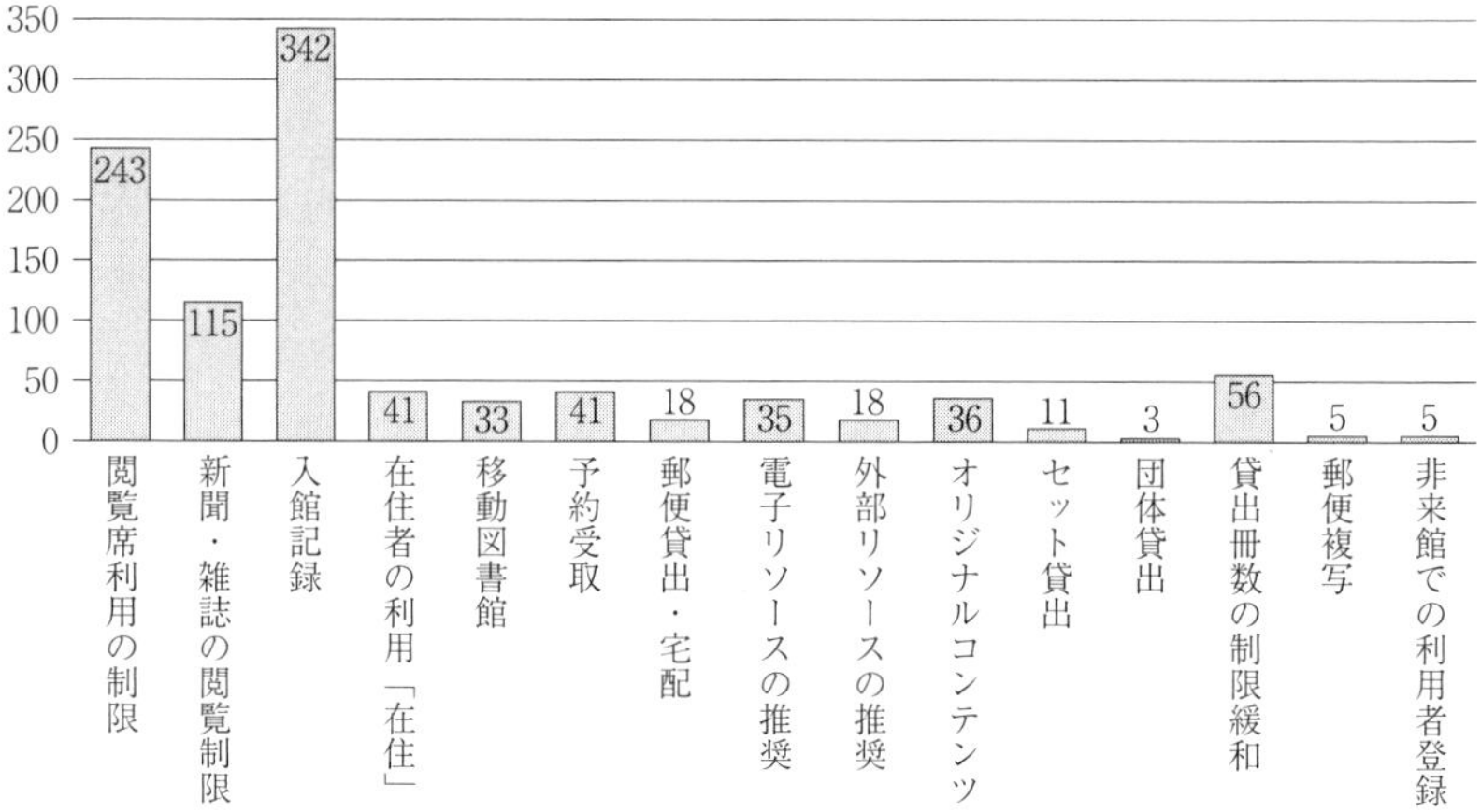

図3－2－2　継続するサービス・制限の集計結果（単位：図書館数）

出所：saveMLAK「COVID-19の影響による図書館の動向調査（2020/08/01）について」。

住所や名前を記入する記録をとったり、消毒する機械を置いたり、あるいは電子図書館と言われますが、パソコンやスマートフォンで本を借りて読書をする、様々な取り組みが行われています。

saveMLAKでは、こうしたサービス、利用についても調査する度にその時の図書館の取り組みを全国から取り上げて紹介したり集計する取り組みも行われてきました。

図3－2－2では、2020年8月時点の、継続するサービス・制限の集計結果を示しています。

制限をするサービスと予約受け取りや郵便・宅配といった何とか本を届けようとするサービス、硬軟入り交じった状況がこのようにグラフや図表によって「見える化」されました。

「開けている」「閉めている」状況から、ではいったいどのような取り組みがそれぞれの図書館の現場で行われているのだろう、この考える過程が「しなやかに」つながっていく新しい調査の大きな要素と言えます。

2　まなび、考える、動くということ、そして生かすということ

ここまで、私が参加してきた新しい調査、しなやかにつながり、調べる動きを書いてきました。では、一体こういった活動がどのような役に立つの？という疑問が起こると思います。

答えとしては、「まなび考える、動く、そして、生かす」ということがあげられると思います。

一見、様々な動詞が並んでいますが、そう難しいことではありません。

なるほど、このまちでは、こんな取り組みが行われているんだ、なるほど、閉じている動きもあれば開館していく動きもあるんだな、ということが、調査から自ずと入ってくるということです。非常に多くのたいせつな情報でした。

情報を得ることで、ふだん、勤めている図書館ではどうだろうか、いや、一人としてどうしていかないといけないのか、周りの一緒に働く人と話し、そして1日1日の図書館の仕事につなげていくことを自身も新たなまなびとしながら、そして生かしていく。これこそが、まなびつづける図書館、そしてまちの姿であることを今回身をもって体験することができたのです。

また、「生かす」は、図書館として、利用する皆さんに向けて生かしていくことも指します。

まず、今図書館がどうなっているのか、休館しているのか、再開して利用制限をしているのか、今

後どうしていくのか、本の読み聞かせイベントから、本の展示、そして、感染症禍の新しい取り組みとしてはじまった電子図書館をはじめ、今後どのように展開していくか。これをホームページやツイッターなどで発信するだけではなくて、館外に張り紙を何枚もしていく、そして文字がはっきりと識別できるように、UDフォント（ユニバーサルデザインフォント）と言われる、多くの人にとってわかりやすいフォントでその時々の状況をリアルタイムに伝える。これは先に書いた、全国調査から、自分なりに得たまなびとして自分自身、発信の創り手の一人として実践していることです。

こうした、ひとつひとつの積み重ねが、図書館の信用、まなびつづける姿勢を皆さんに示すものというように思います。

まとめに入りますが、今回、新型コロナウイルス感染症というこれまでに経験したことのない事態に、どうまなびつづけるか。図書館という現場の一つから言えることは、その創り手としてもまなびつづけることがもっとも大事ということです。

それは決して一人ではなく、全国、あるいは世界にも思い通ずるさまざまな現場の人々がいる。そこで、リモートという新たなツールも使いながら、ゆるやかに、しかし、まなび考え、動き、そして生かしていく。

このことが、図書館という場を通じて皆さんに少しでもお伝えできれば、きっとまなびがどこかでつづいていき生かされると思います。

3　2021年5月、今、私たちに課せられている現実

本当は、前節を受けてそのまま「図書館はこれからも開きつづける」と結ぶ予定でした。しかし、当稿をまとめにかかった2021年4月下旬から、コロナウイルスの感染拡大にかかり、新規陽性者はじめ重症者が激増するという事態に直面しています（**図3－2－3**）。また、政府においても法律に基づき、まん延防止等重点措置や、あるいは緊急事態措置といった一定の要請に基づく措置を実施。皆さんもよく報道などで聞かれる、店舗の営業時間短縮や休業要請などが実施されています。

身近にも、図書館・博物館をはじめ教育文化施設、公民館など地域生活に密着した施設がふたたび、臨時休館を余儀なくされました。

勤務している館も、今、まさに休館となってしまいました。

法律的措置を伴わないまでも、地域の感染状況を鑑みて、独自の警戒警報を発出し、公共施設に休館が要請される。そしていっせいに地域の公共施設が五月雨式に休館を発表する。今の現実の状態です。

これまで、全国の有志の皆さんと悉皆実態調査に参加させていただき、また、しなやかにまなびつづけるという信条を少なからず持ってきた一人として忸怩たる思いにつきます。

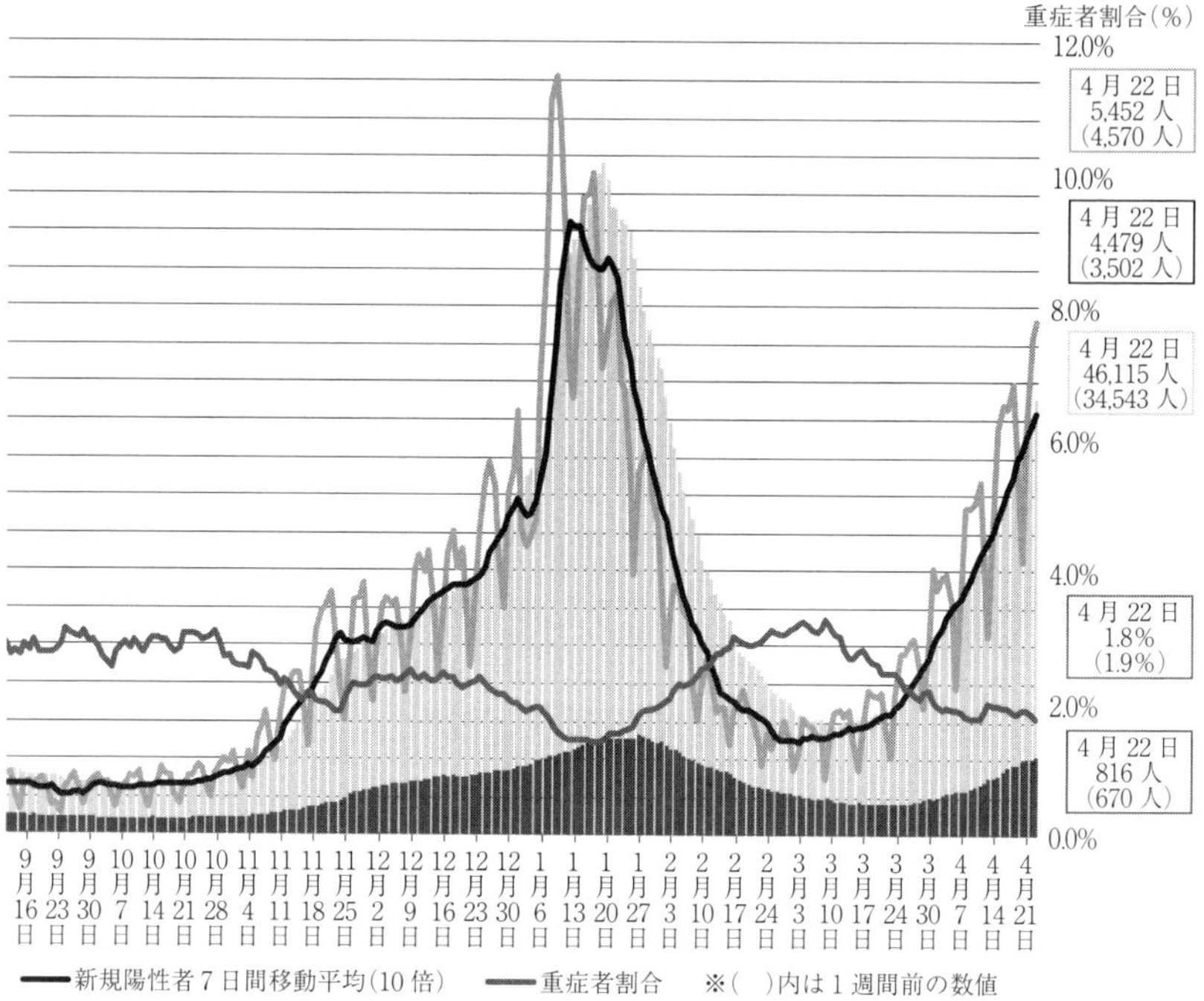

み上げたものから、各自治体がウェブサイトで公表している数等を積み上げ たものに変更した。
占める重症者の割合。
拡大して表示)、比較の場合には留意が必要。
り、集中治療室（ICU）等での管理が必要な患者は含まれていない。

・重症者・新規陽性者数等の推移

kantei.go.jp/jp/singi/novel_coronavirus/th_siryou/sidai_r030423.pdf)。

この事態の中で、閉館という形を採りながらも、なんとか図書館の基本的機能である、読書をする機会の維持を図るために、たとえば、予約受取だけで短時間利用を促す。また、郵送サービスを継続する、あるいは電子図書館の利用を促進するなど、今できうる限りの図書館の機能維持を暗中模索しながら図っている。これが今の状況であろうと言えます。

どうあるべきか。自身、常に自問自答します。昨

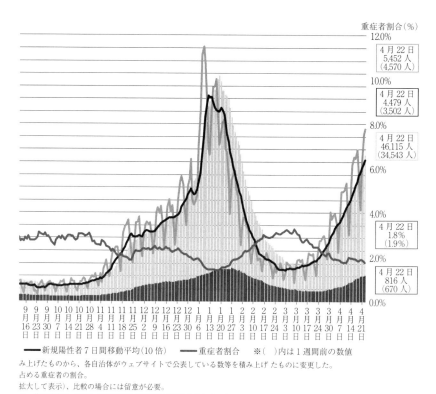

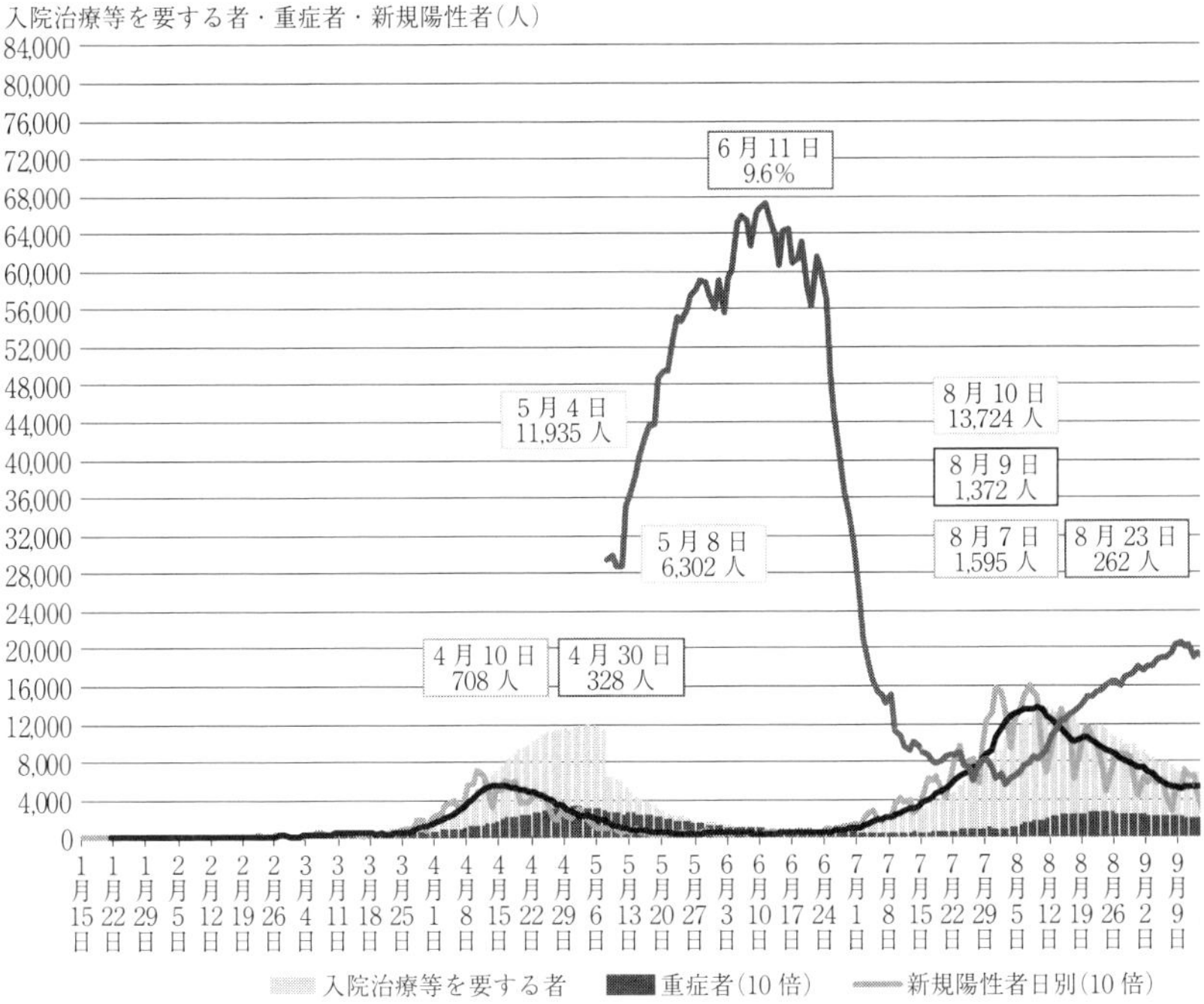

※1　チャーター便を除く国内事例。令和2年5月8日公表分から、データソースを従来の厚生労働省が把握した個票を積

※2　重症者割合は、集計方法を変更した令和2年5月8日から算出している。重症者割合は「入院治療等を要する者」に

※3　入院治療等を要する者・重症者と新規陽性者は表示上のスケールが異なるので（新規陽性者及び重症者数は10倍に

※4　一部の都道府県においては、重症者数については、都道府県独自の基準に則って発表された数値を用いて計算してお

図3－2－3　入院治療等を要する者

出所：「新型コロナ感染症対策本部会議資料（令和3.4.23）」首相官邸ホームページ（https://www.

年の経験による救いとしては、「なんとか、しなかやに動きつづけたい」という意思が明確にあることです。冷静に考え、諦めたり、惑い動転するのではなく、できうる限りの手段を講じる。それは、saveMLAK の全国調査、そして有志の現場の皆さんがきっと同じように思い、そして今それぞれで行動されている、その形が見えているのです。今の危急が超えられたとき、こうした思いの共有と行動が新たな図書館の姿になって身を結ぶ。今、私たちは現実と向き合い、感染症がもたらす苦難とたたかい、打ち克つ道をまさに進もうとしているのです。

3　小規模自治体×自然学校ＮＰＯの挑戦
――今こそ教育立村へ

辻　英之

1　魂の言葉――「貧《ひん》すれど貪《どん》せず」

これは、人口1600人弱の小さな山村：長野県泰阜村《やすおかむら》の〝魂の言葉〟です。よく耳にする「貧すれば鈍する」という言葉は、「暮らしが貧しくなれば、心までも貧しくなる」という意味で使われますが、〝魂の言葉〟はそれとは真逆の言葉です。

昭和初期の世界恐慌。泰阜村でも村民の生活は窮乏していました。村では教員に給料を支払えず、給料を村に返上して欲しいと要望が出ます。しかし当時の校長は、「お金を出すのはやぶさかではないが、目先の急場をしのぐために使うのではなく、むしろそのお金をもって将来の教育振興に役立てるべきだ」と、将来を担う子どもの情操教育のための美術品購入を村に提言しました。「どんなに物がなく生活が苦しくても、心だけは清らかで温かく、豊かでありたい」という考えは、村民のほとんどから賛同を得られたといいます。

食料やお金が底を突いたその時期、どれだけ苦しかったことでしょう。驚くことに、この小さな村はこのような歴史を繰り返しています。日本唯一といわれる泰阜村立学校美術館建立の精神でもあります。最も厳しい時にこそ、子どもの未来にお金も気持ちも注ぐべき、という気風が、「貧すれど貪せず」という魂の言葉に載って、泰阜村に暮らす人々に今なお脈々と受け継がれているのです。

2　疲弊しきった山村に希望の灯がともる

長野県泰阜村（**図3－3－1**）。今なお国道も信号もコンビニもありません。産業も廃れ、若者の流出で疲弊しきった山村を、再生する切り札など存在しないかのようです。そんな村の住民にとって、「村の自然環境が〝教育〟によい」と考えるNPOが1年間の「山村留学」を実施することは、到底理解できないことでした（1986年）。当時はIターンやNPOという概念がまだ市民権を得ておらず、森林や田畑などの自然を資本にした生業を諦めつつあった村民にとって、彼らは「招かれざるヨソ者」でした。

しかし35年後の今、この「山村留学」やそれを支える「信州こども山賊キャンプ」は社会的事業に成長しました。小さな村にあって20人弱の若者を雇用するNPOは「優秀な大企業」です。スタッフは村に居住し、結婚して家庭も持ちます。自治会や消防団等地域を支える組織の担い手として

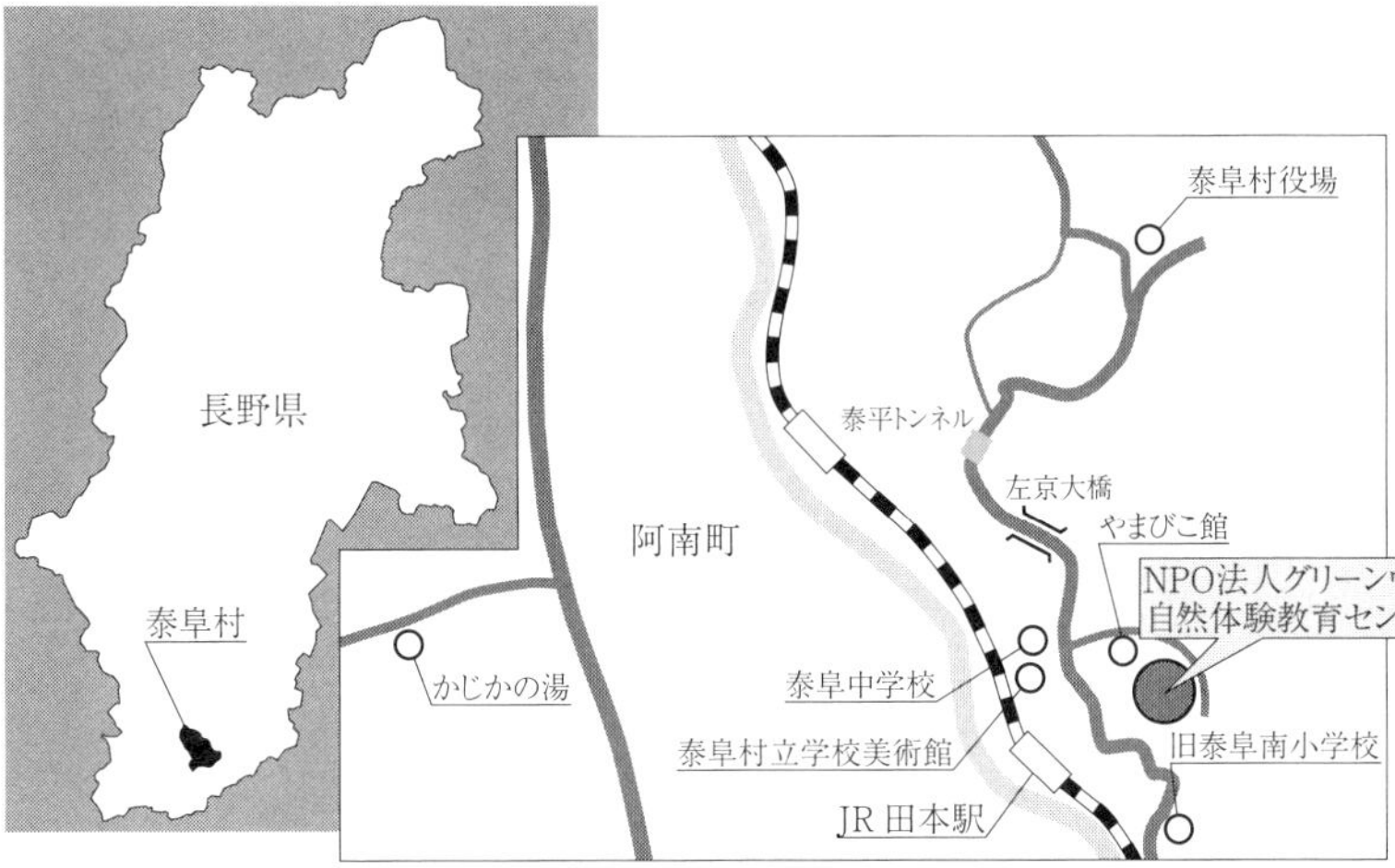

図 3－3－1　泰皇村と NPO 法人グリーンウッド自然体験センター概要図

出所：泰皇村役場及びグリーンウッド自然体験教育センターウェブサイトより筆者作成。

の期待にも応えました。ヨソモノの動きに呼応して、村の有志が起業して民宿や農業運営を始めました。さらに、子どもの週末や放課後の体験活動を支える仕組みや、大学生や若者夫婦が自然や民家で学ぶ仕組み等、自主的な活動が次々と組織化され始めています。

このような「自律」への取り組みに刺激され、若者のU・Iターンが増えて（ここ7年間で114人）青年団まで復活しました。「山村留学」の卒業生がIターンで村に定住する現象（Sターン）も始まり、村に3つあった限界集落は消滅しつつあります。そして村に一つの保育園に待機児童まで出るようになりました。まさに「ヨソ者」が行う「教育」が地域再生の中心に位置付き、疲弊しきった山村に希望の灯がともりつつあるのです。

3 自然学校NPOの経営が壊滅的に

筆者は、山村留学や自然体験を行うNPO法人グリーンウッド自然体験教育センター（以下、グリーンウッド）の代表理事を務めています。同時に、泰阜村総合戦略推進会議の委員長職務代理を務め、「学び」や「ひとづくり」を総合戦略や総合政策に反映させる役割を担っています。本稿では、やや後者の立場に軸足を置きつつ、NPOと行政の立場を行ったり来たりするというハイブリッドな視点から論を展開していきたいと想います。

コロナ禍は、泰阜村にともりつつあった希望の灯を根こそぎ消す勢いです。1986年からこの泰阜村に根差し、「村の教育力」を自然体験活動（山村留学やキャンプ）に反映し続けてきたグリーンウッドは、35年間で初めて夏・冬キャンプ事業「信州こども山賊キャンプ」の全面中止を余儀なくされました。毎年1200人以上の子どもたちと400人の青年ボランティアが参加する全国屈指のキャンプ。その中止の影響は想像以上に深刻です。

財政規模が20億程度の小さな泰阜村において、これまで35年間、「教育」を産業とするNPO（グリーンウッド）が毎年1億を稼ぎ出してきました。小さな山村において、総収入の8割超が自主財源で経営する、全国でも模範的なNPOとしても注目されている所以です。

2020年度、グリーンウッドの年間収入の約5割弱を生み出すキャンプ事業が失われました。当然のことながらＮＰＯ経営は破壊的な状況となっています。とりわけ、泰阜村に定住した若い職員たちの雇用を守ることが筆頭課題です。それはそのまま、この村の持続性を守ることに直結します。彼らの解雇はすなわち、彼らがこの村を離れることを意味するからです。ＮＰＯ経営と地域の持続性は、表裏一体でもあるのです。

グリーンウッドは、若いスタッフの雇用を守り、コロナ収束後に必ずや良質な教育活動を提供できる戦力を確保しておくために、人件費の極限までの削減、公的支援金の活用、徹底的な支出抑制、緊急寄付のお願い、そして多額の借入金など、様々な経営対策を打ってきました。しかしながら、視界が晴れぬまま２０２１年度を迎えているというのが実情です。

4　小規模自治体の英断

この窮状に際し、泰阜村は２０２０年度に緊急的にコロナ支援策を講じました。観光業などが皆無に近いため、コロナの影響は一部の飲食業に限られていることもあり、グリーンウッドに対しては優先順位を上げた予算を議会が次々と即決していきました。

小さな村を持続可能にしていく戦略的観点からすれば、20人弱の若者を雇用する「優秀な大企業」、しかも交流人口だけではなく関係人口や定住人口の増加まで実現している団体を支援するのは、当然のことといえます。「何もない」といわれ続ける泰阜村が、全国のモデル的ＮＰＯであり成功事例の自然学校と注目されるグリーンウッドの未来の可能性に、投資をしたともいえます。

しかしながら筆者はむしろ、学びを止めようとしなかった泰阜村の気風に着目しています。それはまさに「小村の英断」ともいうべきものではないかと考えるからです。

泰阜村は、グリーンウッドの若者スタッフが雇用されずに村を離れてしまう損失を常に頭に置いていました。当然のことながら村長や理事者には、若手スタッフを村役場において臨時雇用するという選択肢もありました。しかし村がとった選択は、「学び」と関係性が薄い役場の仕事をしてもらうよりも、「学び」が主たる目的の仕事をグリーンウッドに発注するというものでした。

一方、グリーンウッドは35年間、地域の教育力を反映したプログラムを実践し続けてきましたが、それは主には都市部の子どもたちを対象にしたものでした。NPOを経営的に自立させるには換金性のあるプログラムを提供しなければならないからです。必然的に、泰阜村の子どもたちに学びを提供する機会は、長期休暇以外の週末や放課後に限られていました。しかし、コロナ禍で都市部から子どもを迎えられない状況に陥り、ならば泰阜村の子どもたちに徹底的に学びを提供しよう、と決断をしました。スタッフの全勢力を村の子どもたちに向けられる機会。そんなことは一生に一度の機会かもしれないと、夏冬春の長期休暇はもちろん、放課後や週末など、これでもかというほど、地域の自然をいかした学びを追い求めました。

泰阜村という地域、風土、暮らしの営み、そして村のこどもたちと真正面から向き合った1年という時間。この時間と労力に、泰阜村行政が予算措置を講じたということです。

もちろん村の予算は潤沢ではありません。それにもかかわらずわれわれＮＰＯに優先措置をとるのは、「最も厳しい時にこそ、子どもの未来にお金も気持ちも注ぐ」という魂の言葉「貧すれど貪せず」を、90年の時を経てまさに今、村行政が体現しているといえます。「学びを止めない」という気風を、コロナ禍の今こそ発揮させたことこそ、泰阜村の英断です。

5　政策的な土台を丁寧に築いてきたからこそ

このような気風が、90年後にいきなり再発揮されるわけではないでしょう。筆者は、泰阜村が小規模自治体だからこそとり続けてきた「政策的な土台」が、気風の再発揮を可能にしていると考えます。

泰阜村は在宅福祉政策を40年ほど前から中心政策に置き続けてきました。「畳の上で死にたい」という村の老人の願いを叶えようという、いわば単純な政策です。人口に対するヘルパー配置率などが日本一を誇り、質量ともへき地の在宅福祉政策をリードし続けてました。

この政策の成果は、老人の願いを叶えられたことが第一です。次に、終末医療にかかる金額が減るため国民健康保険が安くなるという目に見える形で現れました。そして最も重要な成果は、この村が一人一人の尊厳を最後まで守るという強烈なメッセージを政策的に出し続けたことにより醸成された「この村は最後まで守ってくれる」という住民の想いです。

もう一つ、決定的な政策がありました。平成の自治体合併です。21世紀に入ってすぐ、この村の住民全体が一回試されました。本当にこのままでいいのか、大きい町に合併した方が楽ではないのか、ということを全員が決断するプロセスを経ました。前村長の松島貞治氏が「合併した方がよい地域は合併すればよい。しかし明らかにこの村の場合は中枢都市の周辺の一部になってしまう。つまり自分たちの地域のことを決める決定権が遠のいてしまうことを意味する。どんな形になったとしても、その権利を手放してはいけない、近いところに置くことが大事」と、住民に丁寧に説明を重ねました。合併が反対じゃなくて、合併したっていいから、自分たちのことを決める権利は手放さないようになればよい、そういう政策の設計になってないから、あのときの自治体合併は拒否した、ということです。

この村の住民は、その真意を自分のものとして支持して自立を選びました。安易な道、楽な道を選ぶのか、それでも苦しくても自分たちで考える道を選ぶのかを、全員が試されたということです。「一人一人の尊厳を最後まで守る」「自分たちの地域の未来は自分たちで決める」という、いわば自律的な精神のあり方を、政策的にカタチにし続けてきた歴史の積み重ねが、「学びを止めない」という気風を土台から支えてきたのではないか、それはとりもなおさず「貧すれど貪せず」という自律の訓えを発揮し続けてきたことではないかと、筆者は考えます。

6　自律の学びを今に承継する

「小村の英断」とは、自律の訓えを今に承継したことでしょう。グリーンウッドが持つ「関係人口・定住人口の増加」という機能や成果にフォーカスしすぎることなく、その根底に「自律の学び」の積み重ねがあることを見抜いた、ある意味したたかな戦略であったともいえます。コロナ禍においてそれを貫き通したことこそ英断です。

「方向性の知」という言葉があります。チェルノブイリ原発事故や福島原発事故の後など政府が大混乱の時に、市民が自ら〝これからどっちの方向に進めばいいのかと〟いう「方向性の知」を生み出しました。その時の重要なアクションが「信頼による学びあいの連続」だといわれます。この場合の「信頼」とは、〝政府などの権威への信頼〟ではなく、自律的に意思決定をしようとする〝市民のつながり〟のようなものです。

泰阜村は今、住民自身が「学び合い」を繰り返すことを通して、自律的な地域になりつつあります。地域創生には、自律的市民へと成長するための「学び」が必要だと考えます。コロナ禍の混乱のこの時、まさに泰阜村では「方向性の知」が産み出されています。

自律的な政策が、自律的な市民を創る。そして自律的な市民が、やはり良い政策を創る。この学びと自律の循環を実現しているのです。

一昨年就任した横前明村長は、泰阜村の自立・自律を自治体合併を拒む形で実現してきた松島貞治前村長の村政を踏襲することに加え、先鋭的に「自然体験教育」や「子育て」を政策の柱に据えつつあります。グリーンウッドが泰阜村で活動を始めてから35年経過しました。ひとつのＮＰＯの取り組みが、自治体の政策に変化を与え、そして今後の戦略策定にも大きな役割を果たしつつあります。

前述したとおり筆者は昨年、泰阜村総合戦略推進会議の委員長職務代理を拝命しました。「学び」や「ひとづくり」を総合戦略や総合政策に反映させる役割を担っています。私に期待されているのは、「教育立村」の土台作りです。観光でもない、企業誘致でもない、「学び」によって自律的な地域になるための戦略作りと、その着実な実行を期待されています。

長野県もまた「学びと自治の県づくり」を政策的に掲げています。筆者は県知事諮問機関の「学びの県づくり懇談会」のメンバーも務めています。住民―ＮＰＯ―村行政―県行政が「学びと自律」の本質軸で串刺しされつつあります。小さな自治体のしたたかな戦い方に注目いただきたいと想います。

7　35年をかけた「学びの政策」

さて、話をグリーンウッドの山村留学に戻します。「地域の教育力＝自律の学び」を反映した1年間の山村留学を経験した子どもたちが、数十年の時を経て泰阜村に戻ってきました。この現象を私は「Ｓターン」と表現しています。都会から山村に来て、都会に戻って、最終的に山村に定住。だから、ＵターンでもＩターンでもなく、Ｓターン。この10年ほどで５人がＳターンをしました。

40代の男性は家族で移住し、社会福祉士として村の施設で働いています。30代の女性は村の若者と結婚して限界集落に自ら住んで集落支援員として働いています。子どもが３人産まれ、隣に若者夫婦も移住して、その集落は限界集落を脱しました。30代の男性も村の若者と結婚して村にある製造業会社で働きます。その他、隣町で農家を起業した卒業生などもいます。

全国で展開される山村留学は、地域の小中学校の児童生徒減をてっとり早く都市部の子どもで補填するという「刹那的な移住政策」の意味合いが強いと考えます。これらに対し、泰阜村の山村留学は目の前の少子化対策だけでなく、将来世代の子育て支援の施策、そして集落維持の政策でもあり、35年をかけた息の長い「学びと自律の政策」だったのだと、村行政と住民自身が改めて感じることになりました。

8　今こそ「未来への熱意」が試されている――「貧すれど貪せず」

この〝魂の言葉〟は、コロナ禍で右往左往する今の世にこそ通じる行動指針でしょう。「最も厳しい時にこそ、子どもの未来にお金も気持ちも注ぐ」、これが泰阜村の「自律の訓え」です。苦しい現実を受け止め、学びを止めず、次の行動指針を自ら創り出す。したたかに未来を産み出す気概が、今、求められています。試されています。

高く翔ばなくてもいい、速く翔ばなくてもいい。落ちそうで落ちなければそれでいい。低く遅くても、それでも前向きに「低空飛行」を続けたいと想います。希望を失わず、未来を見続けて飛び続け、必ず再起します。それこそが「貧すれど貪せず」を受け継ぐ行動であり、泰阜村に生きる人間の「宿命」だと信じて。

グリーンウッドは2021年度、緊急寄付を募っています。35年の実績・ノウハウを社会に還元すべく全国的な講演活動の挑戦も開始しました。どうか〝未来への熱意〟をお寄せいただきたい、私たちが積み重ねた学びを世のため人のために役立たせていただきたいと、強く想います。ご連絡をお待ちしています。

第４章

アメリカにおけるコロナ禍の学校再開
――シカゴ教員組合の事例を中心に

山本由美

Chicago Teachers Union HP より引用

はじめに

「大惨事が訪れる前から悪かったものは、すべて耐え難いまでに悪化する」
ナオミ・クライン『地球が燃えている』（大月書店）序文より

感染者数3200万人、死者数57万人（2021年4月時点）、世界で最悪のコロナ被害を受けたアメリカにおける公立学校の再開はどのようになっているのでしょうか。日本と異なり分権化が徹底しているため、学区（日本でいえば市町村レベルのことが多い）によってその状況は様々です。

本稿では、アメリカにおけるコロナ禍での学校再開とそれをめぐる教員組合と教育当局の対立から、公的なコロナ対策の在り方だけでなく、そこに現れる社会の根本的問題の解決が図られようとする姿を検証してみたいと思います。

アメリカでは学校再開に際して、大きく分けて3つの方法がとられました。

①教室で対面授業（in-person class）の再開
②ハイブリッド授業（対面授業とリモート授業の組み合わせ。様々なタイプがある。[*1]）
③全てリモート授業（いわゆるオンライン学習）

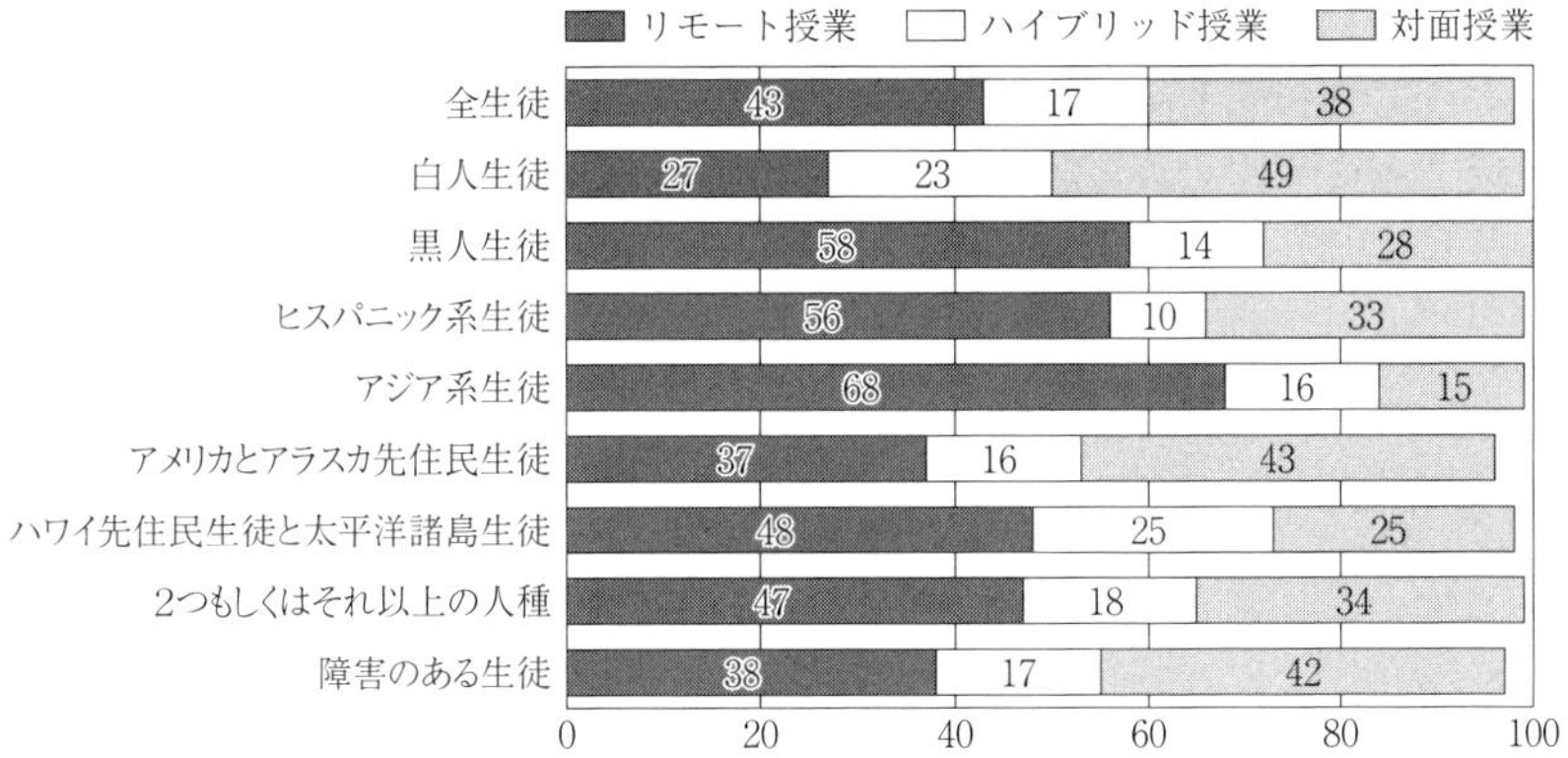

注：四捨五入のためすべてのグループの合計が100％になるわけではありません。

図４－１　アメリカ公立学校再開における人種のギャップ（単位：％）

出所：ワシントン・ポスト2021年3月24日より作成。

2021年3月24日に公表された初めての連邦レベルの調査（国内公立4年生、8年生対象）[*2]は、**図４－１**にみるように全体でほぼ半数の学校が全日の対面授業を開始していると公表しました。ただし感染拡大から1年を経ても、4年生の60％、8年生の68％は少なくとも週のうち部分的には家庭でリモート授業かハイブリット授業を受けていることが明らかにされました。また教育の「質」についても、多くの場合授業時間が短縮されたり、時には全く行われていなかったりする日があることに対して調査は疑問を呈しています。

さらに人種ごとに再開率の差は大きいです。**図４－１**では学校再開状況を人種別にも調査しています。アジア系68％、アフリカ系58％、ヒスパニック系56％が全リモート授業を受けており、白人系27％を大きく上回っています。大都市部のアフリカ系アメリカ人コミュニティで感染被害や死亡数が深刻だったために、保護者が登校を避ける傾向があったことはよく知られています。それは彼らが数世代の大家族（マルチプル・ファミリー）で居住することが多く、子どもによる感染が高齢者への家庭感染を招くことを懸念したためでもありました。逆に白人比率が高く高所得層が多い郊外や人口の少ない地方の学区では感染数も比較的少なく、速やかに対面授業が開始される傾向が見られました。

しかし今回の調査では、アジア系の全リモート率が最も高い結果が見られました。ワシントンポストは、アジア系も大家族が多いために高齢者への感染不安があるというだけでなく、アジア系に対する人種ハラスメントがリモート率を押し上げていると分析しています。トランプ流「中国由来」キャンペーンなどを背景に全米各地でアジア系住民に対するハラスメントが起きましたが、学校でのいじめ等が起きることも懸念されたでしょう。

またアメリカの労働組合のシンクタンクであるレイバーノーツは、２０２０年3月からの感染爆発の際にニューヨーク市で学校が生徒や教職員がコロナウイルスを広める感染源になってしまったことに対して「学校が1週間早く閉鎖されていたらコロナウイルスの症例は21万８４００件減少し、死亡者数は1万８５００人減少した（コロンビア大学調査）」[*3]と述べています。途中から「子どもは感染源にならない」と判断した日本政府と異なり、学校における感染の危険性は一貫して指摘されていました。

1　教員組合の方針により異なる再開率

アメリカの学校再開状況が州や都市によって非常にばらつきが大きいのは、1つにはこのように都会と地方などの感染状況の差によるものでしょう。しかしそのほかに社会的要因も大きいです。

2020年秋の新学期を前に、経済政策優先、コロナ軽視を方針とするトランプ前大統領が「秋からの全国の学校再開」をツイートしたのは2020年7月8日でした。それは十分な安全対策や予算措置を欠くものでした。各地の教員組合、保護者団体、市民らが一斉に反発し、結果的に全米では学区ごとに様々な学校再開が行われました。それは各地の教員組合の方針を反映するものになりました。

教育当局による一方的な再開方針に対して、学校現場の教師たち、保護者、住民の抵抗の度合いによって学校再開の方法は異なったものになりました。レイバーノーツは、シカゴ市、ロスアンジエルス市、オークランド市の事例を挙げて、昨年「強力なストライキ」を行った（シカゴ市の場合は過去3度のストライキを行った）教員組合の教師たちが「リモートでの学校再開をすぐに勝ち取った」と評しています。[*4]

しかし、ニューヨーク市やデトロイト市では、一部の教員組合メンバーが安全な環境でないことを理由に全リモート授業にする運動を進めたものの、執行部との対立などもあり実現することはありませんでした。両市では結局ハイブリッド授業が導入されましたが、ニューヨーク市では混乱のため学校再開が3回遅れ、さらに再開後も教室には50％以下の子どもしか戻ることはありませんでした。さらに冬のコロナ再拡大でまた休校になりました。

前者の代表例であるシカゴ市の場合、シカゴ教員組合（Chicago Teachers Union、以下ＣＴＵと略す）が、安全対策が不十分な学校再開に反対した結果、まず秋学期の学校再開は見送られました。しかしその後２０２1年1月からシカゴ教育当局が計画した段階的な対面授業再開に対して、ＣＴＵが保護者、住民らのサポートを背景に強力に反対したため、学校再開をめぐる紛争が起きました。本稿では、このケースを中心に取りあげてみます。

2 コロナ保障、休業中の親に対する法的補償

アメリカの多くの都市でのロック・ダウン、深刻な失業や減収に対して、すでに２０２０年3月18日に時限立法として「家族ファーストコロナウイルス対応法（Families First Coronavirus Response Act. 以下 FFCRA と略す）が連邦議会で可決され制定されました。これはコロナ・パンデミックの経済的影響に対応することを目的とし、影響を受けた労働者への有給休暇と賃金補償をはじめ、無料のＰＣＲ検査への資金提供、貧困層を対象とするフードスタンプへの資金提供増なども含むものでした。

コロナ禍での国民全体への現金の直接給付も、アメリカは日本以上に多く3回行われています。アメリカにおけるコロナ危機対応の主な経済政策を見てみると、現金給付では、2020年3月トランプ政権下でコロナウイルス支援・救済・経済安全保障法により国民一律に約12万円（非成人は約5万円）、12月に統合歳出法で約6万円、そしてバイデン政権下で約14万円が支給されています。さらに失業者数、失業保険についても、2020年週約6万円加算支給からスタートし、バイデン政権下になっても2021年9月まで週約4万円の加算支給が継続されることになっています。[*5] 失業者に対して前年所得総額の3分の2が保障されるプログラムも実現されています。また2020年3月に開始されたギガワーク・フリーランスへの特別支給措置延長なども継続しており、日本と比較して手厚く、「福祉国家」的にすら見える様々な施策が実現しています。

さらにFFCRA制定後、速やかに各地でドライブスルー方式などによる無料PCR検査も開始されました。ただし自家用車を持たないために、最下層の市民はこの無料検査すら受けることが困難でした。

このFFCRAによって、コロナ危機を理由として、子ども（18歳以下、障がいを持つ場合は18歳以上も）の学校もしくはデイケア・センターが閉鎖され、他の親の助けや育児提供も無理な場合、有資格の雇用者は12週間有給休暇を取ることができるようになりました。受けられる給与レートは基本給の3分の2であり、最高額を200ドル（1日）、1週間の合計最大2000ドルとする、と定められました。

さらに、２０２０年秋以降、多くの都市で「ハイブリッド授業」や「リモート授業」が多く行われることになったため、法は8月24日に改正され、追加措置が取られるようになりました。それは以下のような内容でした。

「学校が不規則なリモート学習を行う場合、例えば週2回や、隔週などで行う場合に、雇用者はFFCRA の有給休暇を、期間を全て費やすために断続的に取得することができる」

ただし、「学校が、教室に出席しての対面授業かリモート学習のどちらを選ぶのかの選択を保護者に提供して、保護者がリモート学習を選んだ場合、―おそらく子どもが COVID-19 に感染してそれを家庭にいる家族にもたらすことを心配して―には資格を与えられない」と条件が付けられました。すなわち学校で対面授業をする選択肢があるのにそれを拒否した場合、有給休暇は得られないとされたのです。FFCRA の有効期限は２０２０年12月31日まで延長されました。

ここに見られるように、アメリカでは、リモート学習は基本的にサポートする親が家庭にいることが当然の条件と理解されていました。その背景には、州によっては、子どもを家庭に一人にすることを違法とする法律が存在し、家庭で子どものケアをする大人の存在が社会常識となっていることが影響しているかもしれません。また法的配慮がされるほどリモート学習自体が広く普及したということもあるでしょう。それに対して日本では、オンライン授業のサポートを理由に親が有給休暇を取ることは、イメージすらされていません。

3 ＢＬＭ、根本的な社会問題が明らかに

またアメリカでは、コロナで社会的矛盾が深まっていく中で、従来からあった基本的な社会問題が顕在化しました。ミネアポリス市の警官によるジョージ・フロイド氏殺害事件から始まったブラック・ライブズ・マター（Black Lives Matter、以下ＢＬＭと略す）は人種的差別を是正する社会正義の運動として全米的に盛り上がりを見せました。その中で警察予算の削減と「他の社会的ニーズへの振り向け」が求められました。１９９０年代に新自由主義的な教育改革を背景に拡大していたゼロ・トレランス政策（一律厳格な指導）を背景とする学校への警察官の配置でした。グローバルエリートを支える低所得サービス人材には、「8年生程度の学力と従順、礼儀正しい態度」が求められ、それに合わない者は学校から容易に排除されました。特にアフリカ系アメリカ人の生徒たちがターゲットになって多くの生徒が退学を強いられ、時には警察による逮捕の対象となりました。

全米規模で大規模なデモなどが行われました。このＢＬＭ運動の盛り上がりの中で、ミネアポリス、デンバー、ポートランド、オレゴン、ロチェスター、ニューヨーク、シアトルの教員組合は、教育当局に警察との契約を打ち切らせることができました。*6 その時点、２０２０年6月19日にＣＴＵはシカゴ教育当局へのコロナ禍の教育要求として以下の4点を要求しています。

(1)学校から完全に警察を排除する。

(2)学校の安全な再開に求められるものを保障する。学校の消毒、生徒のための石鹸、水、その他。全員へのＰＰＥ（完全防御器具）、体温チェックや学校への健康専門職配置、生徒、家族、教職員のソーシャルディスタンス戦略を含む。

(3)再開校の状態として「持続可能なコミュニティ・スクール」を予算化する。特に貧困地域の生徒や家族に包括的なサービスを提供する。

(4)生徒やその家族の居住環境や経済の改善に向けての予算化を行う。

しかし(1)については、シカゴ市教育委員会の7月、8月の投票により学校からの警察排除は僅差で見送られました。[*7] アメリカ国内教育委員会の94％が公選制であるのに対し、シカゴ市は１９９５年の法改正で市長の権限を強化した任命制であり、財界の教育要求を強く反映する性格を持っているのです。

また、(3)と(4)は貧困層に対する支援政策でした。２０２０年の感染拡大の早い段階で、教師たちは、主に市内南部、西部のアフリカ系アメリカ人やヒスパニックのコミュニティで食料配給や生活支援を行っていました。シカゴ市では教職員は原則的に市内に居住することが求められ、日本のように人事異動もないため、貧困地域の学校で働く教師たちの多くは、後述するようにＣＴＵが社会正義的組合へと方針を変えてから、地域と密接に結びついてサービスを進めていました。

シカゴ市公立学校では生徒の11％が白人であり、その保護者の多くは企業雇用者で、リモートワークに移行する比率が高かったです。しかし32％を占めるアフリカ系アメリカ人、34％のヒスパニック人労働者は、介護、医療補助、飲食業従事者、運送業、清掃業、公共交通機関従事者などが多く、感染率は高まり、失業率もともに上昇していきました。その結果、シカゴ市内のコロナ死亡者の7割はアフリカ系アメリカ人が占める事態となっていました。そのような地域では子どもが家庭外で感染し、家庭内感染が起きるために祖父母、曾祖父母が亡くなるケースが起きたのです。その後子どもがトラウマを負ってしまうケースも多くあることが指摘されました。感染が心配される学校に子どもを通わせることへの保護者の恐怖も大きかったのです。

4　社会的正義をめざす教員組合

シカゴ教員組合は、貧困や人種差別是正などを正面から取り上げる社会的正義、教育的正義のための教員組合であることを特色とします。

グローバル都市を自称するシカゴ市では、２００４年に市教育ＣＥＯのアーン・ダンカンが公立学校民営化計画、「ルネサンス２０１０」を公表しました。２００９年からオバマ政権の教育長官になる彼は、新自由主義的な学校再編を国内でも先行的に行ったのです。低い学力テスト「結果」などを理由に「失敗した学校」を宣告して廃校にするか、「教員総入れ替え（ターンアラウンド）」を行って、公設民営のチャーター・スクールなどを拡大していく手法が取られました。そして学校閉鎖を宣告される「失敗した学校」は、南部のアフリカ系アメリカ人居住地域にその90％が集中していました。そこは財界や市当局が「ジェントリフィケーション（再開発）」のターゲットとして、貧困層を追い出し富裕層向けの住宅などを建設することを計画していた地域でもありました。

２００３年頃から開始されたその地域の学校統廃合計画に対して、１９６０年代の公民権運動をルーツとする地域のローカル・オーガナイゼーションの活動家たちは廃校反対運動を組織していきました。そして閉校対象にされた公立学校に勤務する組合教師たちが運動に参加したことから、新しい共同が生まれていきました。レイバーノーツは「学校閉鎖計画の背景にジェントリフィケーション（再開発）と人種差別があることを白人教師たちが認識した」[*8]ことが、その後のシカゴ教員組合の変化を促したことを指摘しています。

住民組織との共同を経て２００８年に組合教師たちは「反民営化、反学校統廃合、反新自由主義」を提起する組合内派閥であるCaucus of Rank-and-File Educators（以下ＣＯＲＥと略す）を誕生させたのです。ＣＯＲＥは２０１０年に選挙で組合内の執行権をとり、草の根運動を組織して親や住民との共同を進めました。毎年公表される閉校計画のうち、一定程度を住民組織との共同の運動によって阻止していきました。

２０１２年に25年ぶりに行われた7日間にわたるＣＴＵのストライキでは、少人数学級、学校看護師や図書館司書、スクール・カウンセラーなど教職サポート職の充実など条件整備要求を掲げて、

「教師の労働条件は子どもの学習条件である」というスローガンは広く市民に支持されました。中でも「少人数学級」は代表的な教育要求であり、4年ごとの労働協約をめぐる交渉時に重要な争点となりさらなる獲得が続いています。現在、シカゴ市の公立学校でキンダーガーテンから小3までの学級定数は24人、4～8年生は31人、高校生は28人となっています。また、交渉で学力テスト結果を教員評価や昇格の条件とする市側の計画も阻止されました。

5 持続可能なコミュニティ・スクールの獲得

その中で「失敗した学校」を閉校もしくは民営化するような「解決法」ではなくて、公的な経済的保障や医療・福祉サービスなど「包括的支援」をして立て直していくオルタナティブな方法として、2015年から、前述のCTU教育要求の(3)に挙げられた「持続可能なコミュニティ・スクール」が求められるようになりました。2016年に当局とCTUの労働協定改定の団体交渉の中で勝ち取られ、学校をサポートしていく地域の「パートナー団体（多くは地域のローカル・オーガナイゼーションが選ばれた）」とセットで、まず南部や西部の貧困地域の20校が認可されました。さらに2019年に11日間に及ぶストライキ中の団体交渉で争点の1つとなり、校数と予算の拡大が勝ち取られました。

例えば、認可されたうちの1校であるディエット高校は、アフリカ系アメリカ人コミュニティにあり、市の閉校計画の対象にされた学校でした。一旦廃校にまで追い込まれた後、地域の住民組織であるKenwood and Oakland Community Organization（１９６０年代の公民権運動の時に設立されたローカル・オーガナイゼーションである。以下ＫＯＣＯと略す）が中心になり、地域の高校を守る運動が闘われました。しかし市当局が反対を押し切って公設民営のチャーター・スクールに移行することを決定したため、保護者、住民ら12名が34日間のハンガーストライキを実施し、結果的に地域の学校として再開されることになったケースです。*9 ２０１８年、ディエット高校はパートナー団体のＫＯＣＯとともに持続可能なコミュニティ・スクールに認可され、コミュニティへの包括的なサービスのために年間50万ドルの予算がつけられることになりました。

ＣＴＵは今回のコロナ禍の中で、住居や食料を欠く状況に追い込まれたアフリカ系およびヒスパニック系コミュニティのために、この制度の拡大を要求したのです。シカゴ市では教職員は原則的に市内に居住することが求められ、日本のように人事異動もないため、貧困地域の学校で働く教師たちの多くは地域と密接に結びつき、コロナ禍では食糧支給などのサービスを進めていました。

また、ＣＯＲＥの運動の中で確認されてきたのが、組合が「コモン・グッズを求めるための交渉(Bargaining for Common Goods、以下ＢＣＧと略す)」を行ってコミュニティのための要求を実現していく、という原則です。自分たちの賃金や福利など労働条件の改善だけをめざして交渉するのではなく、生徒や保護者やコミュニティの仲間と共同して、「少人数学級、学校看護師の配置、学校統廃合反対」などのより広範な事項について交渉し獲得していこうとするものです。連邦レベルで団体が結成され、広められつつあるこの「ＢＣＧフレームワーク」のモデルがシカゴ教員組合でもあります。そして今回の「コロナ禍のもとでの安全な学校環境の獲得」は教師のみならず、コミュニティにとって最重要事項でもありました。[*10]

6　当局による学校再開の延期と紛争化

シカゴ教育当局は当初、秋学期からの「ハイブリット」方式による学校再開を行うとして、２０２０年８月７日までに全保護者に対面授業とリモート学習のどちらかを選ぶよう求めました。しかし**表４－１**にみるように、当初の段階で教育当局側に具体的な感染対策はほぼありませんでした。十分な安全対策を前提としない学校再開計画に対してＣＴＵは抗議し、８月３日に支援する諸団体と共にカーキャラバンを実施しました。さらにこのままではストライキを実施せざるを得ないと公表しました。それに対して、市長、および教育当局は急きょ、全リモート学習での学校再開に方針転換しました。[*11] その結果、シカゴ市ではいつ、どのように対面授業を再開するのかを決定するのは大変難しくなったとされます。また、郊外の白人が多い地域の保護者からは、対面授業の再開が遅れることに対して不満の声も聞かれるようになりました。企業で働く保護者にとって、学校は子どもを預かってくれる場所としての意味が大きかったのです。

また全リモート授業は教師にとっても大きな負担を強いるものでもありました。市レベルで

表 4-1　シカゴ教員組合とシカゴ教育当局との学校再開交渉の争点と労働協約

（当初無計画だった教育当局の方針がシカゴ教員組合寄りに移行した暫定的合意になっている）

	当初シカゴ教員組合の提案	当初シカゴ教育当局は	2月7日組合と教育当局が暫定合意した労働協約
対面授業再開日程		10月発表 11月から対面授業再開（ハイブリッド） 11月発表 1.12　幼児年中と障がい児対面授業選択的再開（ハイブリッド） 1.25　幼児年長～8年再開 高校は全リモート	2.11　幼児年中と特別支援で教師・生徒共に対面授業選択的再開（ハイブリッド） 2.22　幼児年長～5年の教職員が戻り 3.1　幼児年長～5年の生徒が対面授業選択的再開（ハイブリッド） 6～8年の教職員は3.1、6～8年の生徒は3.8に再開 高校、交渉中
健康指標	陽性率3％未満で学区学校再開 地域の感染率により学校閉鎖	ルール無し	市内陽性率が次の要件になったら、全リモートに戻る。1.25幼児年長～8年の生徒は再開 高校は全リモート ①7日間連続増加、②7日間の各日が前週より15％以上増加、③7日目の陽性率が10％以上 学級閉鎖＝一定期間に1人以上陽性者 学校閉鎖＝14日以内に3人以上の陽性者
ワクチン	対面授業に戻る前に全教職員にワクチン接種の機会を提供	計画なし	①CPS雇用者ワクチンプログラム　少なくとも週1500人接種 ②プロジェクトCP,CPSワクチンパートナープログラム ③ワクチン優先接種者リスト　感染可能性が高い地域で勤務、居住 ④幼児年中、障がい級、家族事情有　少なくとも週2000人接種
受け入れ	COVID-19ハイリスクカテゴリー 全教職員はテレワーク 同世帯員にも同様に	COVID-19ハイリスクカテゴリーの一部の教職員はテレワーク	①医療リスク保有者、主介護者はリモート授業に ②家族に医療リスク保有者も ③子どものケアが必要な者 ④ワクチン無接種者の有給休暇 ⑤職員の決定のタイミング・期限
PCR検査	基準検査、毎週全教職員に検査 地域の感染率が高い40校の生徒に検査	計画なし	感染率が高い134校で毎週100％のPCR検査実施、その他の地域では毎週50％ 対面授業復帰前に全教師、全生徒に検査提供

換気	シカゴ教育当局はASHRAEの基準にあった換気を確認する	計画なし	教育当局は1時間に5回の換気実施 ポータブル空気清浄機 職員が有効性を自己チエックできることを確認する。 多目的室使用禁止
仕事場	学校医と学校看護師のために臨床的、教育的そして安全性の必要に応じた仕事場を	計画なし	学校医と学校看護師のために臨床的、教育的そして安全性の必要に応じた仕事場を
リモート学習改善	生徒の画面視聴時間を1時間減らし、課外学習を1時間増やす。 家庭に追加的な技術支援	計画なし	CPSはリモート学習のための機材を制限なく提供する。ヘッドフォン、デバイス、ビジョンスクリーンを含む
PPE（感染防御）	N-95マスク、手袋、防御服、特別な仕事のために求められる、その他の備品を含む。 「適切なPPE」	学校看護師と聴覚機能訓練師だけに完全なPPE	N-95マスク、手袋、防御服、特別な仕事のために求められる、その他の備品を含む。 「適切なPPE」
安全委員会	学校及び学区の安全委員会が健康・安全計画を施行する権限を与えられる。困難や繰り返される違反のため学校復帰から全リモートを命ずる権限を含む	計画なし	学校及び学区の安全委員会が健康・安全計画を施行する権限を与えられる。違反は可能な限り速やかに24時間以内に修正されなければならない
地域で生徒や親が必要とする支援サービス	パンデミック期間、STLS生徒*（貧困生徒）に追加的支援 トラウマの支援に百人のカウンセラーとソーシャルワーカー雇用	計画なし	CPSとCTUは共同して、変化する生徒の生活状況にあった支援を行う。ソーシャルサービス、リモート学習、栄養補助を含む
持続可能なコミュニテイ・スクール	COVIDの救済と相互援助のために19～20校の持続可能なコミュニティ・スクールに未使用のSCS基金から200万ドル貸与	計画なし	それらの学校を支援すべき 200万ドルを貸与する計画なし
特別支援	障がいを持つ生徒の集団に人数の制限を設ける。	教員のリスクが増加することに対して計画なし	以前公表されたCPS原則ガイドラインに沿った集団以上に拡大しない
同時指導（対面授業とリモ	同時指導拒否	計画なし	触れられず

ート授業を同時に行う）			
教師の家賃減額期間	教育当局は家賃減額期間の要求を支持すべき	シカゴ教育当局は支援を断る	触れられず
幼児年中教員クラスタークラス教員事務職・技術職の安全	教育当局が有害な活動を強いる事に対して、全ての幼児年中、クラスタークラス教員**、事務職・技術職がリモートで仕事をする権利を保障する	計画なし	1.11 に無断欠席（対面授業拒否）で処分された幼児年中、および障がい児教員の給与支払いと権利の回復

注：*STLS 生徒＝Students in Temporary Living Situations. シェルターなど一時的住居に住む貧困家庭の生徒

**クラスタークラス＝障がいを持つ生徒が集められたクラス

出所：2021 年 2 月 8 日 Chicago Teachers Union HP より作成。

Google classroom が導入され、必要な家庭にタブレットなどが貸し出されました。教師たちは保護者と協力しながら、オンラインを使った授業を工夫して少しずつ進めていきました。特に保護者も作成に協力した、障がいを持つ子どもたち向けのリモート授業には大きな進展があったことを、障がい児クラスの保護者オルガナイザーで、特別支援高校の学校評議会議長でもあるシンディ・ファーオークは述べています。[*12]

7　1月12日の段階的再開と紛糾

全リモート授業が再開した後の10月に、教育当局は11月からのハイブリッド授業による再開を提案しましたが実現しませんでした。しかし冬季になって感染が再拡大しているにもかかわらず、教育当局は11月に、1月からの対面授業を含む選択制ハイブリッド授業による段階的な学校再開を行うと公表しました。

まず1月12日にプレキンダー（幼児年中）と障がい児学級

で希望者に対面授業を実施することになり、担当する教職員はすべて教室に戻らされる対象となりました。2万5000人の教員のうち、約6000人が該当していました。追って2月1日に1年生から6年生までの再開が予定されました。高校は年度内全てリモート学習が継続されることになりました。それに対して、CTUは学校再開に際して「安全性（Safety）」「平等性（Equity）」「信頼性（Trusty）」を掲げ、対話に基づいた学校再開とそのための団体交渉を求めましたが、当局はなかなか応じようとしませんでした。

結果的に1月12日の再開日、全市で約2割の子どもが対面授業に戻ったのみで、アフリカ系、ヒスパニック系コミュニティでは出席ゼロのクラスが続出しました。しかし対面授業を拒否し、準備期間として要求された1月4日から校舎に入らなかった教師のうち約150名が、1月11日に「無断欠席」を主な理由にリモート学習のためのGoogle Classroomを強制シャットダウンされ、さらに給与支払い凍結の処分を受けました。

教師たちは突然生徒との連絡を絶たれました。特に障がいを持つ生徒たちにとって日々続けられていたルーティーン活動の突然の停止は大きなダメージを与えるものだったといいます。リモート授業を急きょ交代して行ったのは校長や当局から送られた臨時の担当教師などでしたが、生徒の中にはリモート授業にGoogle Classroomをつなぐことを拒否する者も出現し、さらに処分された自分の教師を支援するためにプラカードを掲げアピールする障がいを持つ生徒の姿もネット上に見られました。

8　組合の詳細な教育要求が実現

処分に対して、組合側は1月20日の代議員会で全リモート授業の継続を選択しました。23日から全組合教師を対象にストライキ投票が行われ、71％が全リモート授業を支持しました。当局との団体交渉が始まり、組合側は生徒、そして教師自身の安全を守るために、**表4－1**にみるように「ワクチン接種」「ＰＣＲ検査」「安全委員会（の設置）」など多くの詳細な具体的項目を要求していきました。

厳しい団体交渉が続けられる中で、ついに1月30日に、ＣＴＵは対面授業を開始するための主要な4項目「健康・安全指標」、「換気」「感染者の追跡」、そして「安全委員会」で合意をまず獲得しました。特に、学区全体および各学校に開設され、独自に「健康・安全計画」を立てて、その基準を感染が上回った場合などに速やかに対面授業をストップさせる権限を持つ「安全委員会」は重視されました。

しかし、翌31日には、残りの争点について交渉をするはずの当局側の協約交渉団は会場に姿を見せず、組合の交渉団が6時間待ち続ける事態が起きました。また同時に、財界の学校再開要求を強く受けたライトフット市長、ジャクソン市教育ＣＥＯはテレビで教員組合の批判を行いました。それは白人層の保護者の教育要求を強く意識したものでした。また、教室内への「空気清浄装置」の設置など多くの費用をかけた条件整備を行ってきたこと、教室はすでに完璧な感染対策が施されて安全であることを強くアピールしました。

他方、組合教師たちは、教室は危険であることをアピールするために、校門を出た酷寒の屋外の雪上に机を持ち出してコート姿でオンライン授業を行いました。その姿は全米に放映されました。このように組合側はストライキで脅しをかけ、市長らはGoogleのロック・ダウンと大量解雇をちらつかせる緊張関係が約2週間続きました。

この間、1月25日には着任したばかりのバイデン大統領が、このシカゴ学校再開紛争についての記者の質問に次のように発言しています。

「私が知っている教師たちは働きたいと願っている。ただ彼らは安全な環境で働きたいだけだ。そして我々は理性的に、できる限り安全な環境を提供することができる」

ジェシー・シャーキーCTU委員長は暫定合意の後で、支援してくれた保護者、住民、議員らへの謝辞の最後に「バイデン大統領もありがとう」と述べています。

結果的に2月7日に多くの項目で組合側の詳細な要求を受け入れた暫定合意が結ばれました。続く市内全組合員対象の全員投票の結果、67％賛成で協約は採択されました。多くの組合員はこれを組合がほぼ勝利した、と認識しました。ただし賛成率が低いのは多くの教師たちがより安全な環境の実現を望んでいたからで、気持ちは複雑であったとCOREの初期メンバーでもある教師ジャクソン・ポッターは述べています。これ以上の獲得をするためにはおそらく長期のストライキ（前回ストライキ以上となると15日以上となることが予測された。）を実施しなければならず、そのためには生徒や保護者にも多くの犠牲を強いることになりかねない、といった気持ちがあったといいます。

当初、具体的感染対策を持たなかった当局は、特に「ワクチン接種」「学校への受け入れ」「PCR検査」「リモート学習」などで多くの要求をのむことになりました。例えば、**表4－1**にみるように、学校に戻る教師への優先的なワクチン接種、教師と生徒を対象にした定期的PCR検査が保障され、さらにリモート学習向けに不足している機材が準備されることになりました。要する莫大な予算の多くは、バイデン新大統領が「安全な学校再開」を掲げ、1億3000万ドルの予算を計画化したこともあり、連邦で負担される予定です。また、ライトフット市長とともに、対面授業再開を主張し続けたジャクソン市教育CEOは、結局5月に辞職を公表しました。

組合側がほぼ勝利した背景には、圧倒的な貧困層の親や住民組織の支援がありました。また今回、各学校の学校評議会（Local School Council）のうち130校（全約600校中）も強引な対面授業再開に反対決議を公表しました。この制度は公選された保護者委員、住民代表委員らが学校運営を担うものであり、1989年に導入されたものです。同時に市民の声を反映できる公選制教育委員会を求める運動も盛り上がりを見せました。さらに市議会議員、終盤には州議会議員有志からも、強引な学校再開を控えるよう市長に要請が出されました。特に、議員からは、生徒に大きなダメージがある「オンライン授業のシャットダウンだけはやめるように」といった意見が出されました。

他方、経済界からはCTUに対する強烈な批判があがりました。ウオール・ストリート・ジャーナルは社説で「（シカゴの）組合は児童を人質にして、より多くの金銭を要求している状況にある」と批判しました。[*13] 市当局が多額の費用をかけ再開に向けた学校の条件整備を行ったにもかかわらず、２０２０年秋から他の私立学校や幼児ケア施設で授業が再開されているのに公立学校だけは再開されない、またインターネット授業が不可能な生徒も多い、退学率も増えている、などの点が指摘されています。

また階層の高い白人層から、10か月に及ぶ休校による「ラーニングロス」「子どものメンタルヘルス・クライシス」といった理由を前面に挙げた不満があがっていました。対面授業再開要求も強く、11％いる白人保護者のうち65％が再開を求めているといいます。今回の事態の中で、今後保護者の分断が生じることも懸念されます。[*14]

9　日本と比較してみると…災害便乗型オンライン授業

このようにアメリカの状況と比較して、日本をみると、当初から一斉休校要請に始まる科学的根拠のないコロナ対策で教職員も保護者も右往左往せざるを得ず、当然ながらシカゴ市のように現場の要求に裏付けられた学校の具体的施策も進みませんでした。

日本の場合、災害便乗型、すなわち政府が、コロナ禍以前から温めていた施策をさらに推し進めるために、あるいは身内に利益を配分するためにコロナ禍を利用する傾向があまりにも顕著でした。

特に、公教育におけるＧＩＧＡスクール構想（２０１９年2月公表）の推進はその最たるものと言えるでしょう。一人1台タブレットを配備し日本中の学校を高速大容量の通信ネットワークで結ぶというこの構想に対して、例えば世取山洋介は「労働力育成に公教育の目的を特化し、規格化され、細分化された労働能力を、タブレット型ＰＣを用いた個別化された教育を通して子どもに身に着けさせ、できる子には問題解決型学習を追加するという構想」[*15]と批判しています。それによって教育方法、内容においても民間企業に新たな市場を開くことが可能になります。そのような民間企業に資するための意図もあって急な一斉休校の要請をしたのではないかと思われる向きもあります。２０２０年3月以降の一斉休校時に多くの民間企業が、オンライン上で講義や教材等を期間限定で無償提供し始めていました。特に２０１９年にSociety 5.0の実現を提唱していた東京都などの自治体は導入に前のめりで、コロナ禍ですぐＧＩＧＡスクールの補正予算をつけました。たしかに一斉休校時には保護者の中に、オンライン学習を望む声が多く存在したのは事実です。例えば東京都中野区では4月の時点で保護者の6割がオンライン学習を望む、というアンケート結果が見られました。しかし最も要求が多かった内容は「ホームルーム」であり、学習より、孤立化を余儀なくされた中で、まず子どもたちは教師や他の子どもたちとの人間関係を欲していたのではないでしょうか。

シカゴ教員組合が要求した全リモート授業は、日本のＧＩＧＡスクール構想におけるような民間企業がパッケージ化した内容を自動的に配信し、教師がマニュアル通り補助をする、というものではありません。深刻な感染状況の中で、教師たちが子どもとぎりぎりの所でオンラインでつながり、さらにその背後にいる親や住民たちとつながっていく、人間関係を維持して人々をサポートしていくためのツール、コミュニティの生命線でした。障がい児向けの授業、音楽、体育などの実技授業も教師たちは創意工夫して中身を作り上げていました。もちろん、できれば対面授業をしたかったのですが感染状況から無理であると判断していました。

他方日本の場合、2020年6月からほぼすべての自治体では、形式的な「ガイドライン」はあっても十分な「3密」対策を取らずに公立学校の教室に全員を戻すという事態に至りました。これは世界的にみても例外的な措置だったのではないでしょうか。日本よりも感染拡大が進んでいない韓国などでも、オンライン授業と対面授業を同時並行させ、感染対策を徹底させて慎重な学校再開が行われています。

対面を通じてのサービスを行うのであれば、コロナ禍対応という新しい負担に対応できるよう人的、物的、財政的資源を拡充しなくてはいけなかったはずです。しかし手続きを進める法整備はないがしろにされ、これらの施策は取られないまま、学校や施設再開が教職員や保育者の超絶な努力と善意に委ねられてしまいました。

例えば学校以上に過酷な保育現場からの要求として、いくつかの自治体の保育問題協議会から「職員全員の定期的なＰＣＲ検査の実施」などの項目が首長に対して挙げられ始めています。しかし現状では、もしＰＣＲ検査を実施して職員に陽性者が出た場合、政府や自治体が十分な代替措置を準備していない現状で施設閉所の必要性が生じてしまうため、サービス提供者に多大な負担を強いることになります。そのため日本では「職員全員ＰＣＲ検査実施」を団体や都内のいくつかの組合の要求項目に掲げることが難しい、と保育運動関係者は述べています。

10　数少ない「崇高なもの」の実現、少人数学級

そんな中で、おそらく２０２０年からの国民的世論の盛り上がりを受けた２０２１年の義務教育標準法改正による40年ぶりの「少人数学級」の実現は、コロナ禍における数少ない「崇高なもの」の獲得の１つでしょう。学級定員が小学校について従来の「40人以下」から「35人以下」とされ、それに合わせて教員定数が増加されることになりました。今回見送られた中学、さらには当初文科省がめざした「30人学級」、教育運動側が求める「20人程度学級」の実現には今後の運動を待つことになります。

2月の唐突な首相による休校要請後、全面再開に至るまでに多くの学校で行われた部分登校や分散登校の中、10~20人程度の集団で子どもも教師も学ぶ喜び、ゆとりのある授業を実感することができました。それが運動の背景にあります。筆者も参加し２０２０年９月に始めた「教育研究者有志による署名」では、短期間に24万筆以上が集まりました。財務省・文科省への提出日、婦人団体メンバーが「署名集めが初めて本当に楽しかった」と述べていました。

多くの災害便乗型施策ばかりが目立つ中、「少人数学級」が実現しえたのは、国民的世論を背景と

した文科省の「奮起」もありましたが、1989年以来、全日本教職員組合などが中心となって取り組んできた少人数学級などを求める署名運動、および教師、学校事務職員が長年続けてきた教員定数についての研究活動があったと思われます。

義務教育標準法は1958年に制定され、小中学校の一学級当たりの子どもの数と、それに基づいて算出される教員の数が決められます。その人数分の教師を自治体が雇用するために、給与の3分の1（2005年までは2分の1）が国から、3分の2が都道府県から支出されます。このいわゆる義務教育費国庫負担制度によって、どんなに財政難の町でも子どもの数が少ない過疎地の学校でも、教員は安定的に雇用されることができます。かつて同法は中央集権的な法律であるとの批判もありましたが、近年の研究で、国が責任をもって教育条件のナショナルミニマムを定め、それ以上は自治体の裁量に委ねようとするものであることが明らかにされたものです。

制定当時の学級定数は「50人」。その後、段階的に削減されたが1980年の「40人」以降、財務省は「（教育的効果が上がるという）エビデンスがない」という理由で頑なに進展を拒んできました。今回、筆者も参加し署名運動にとりくんだ「少人数学級化を求める教育研究者有志の会」も、多くの教育社会学領域の量的調査結果を根拠としてあげました。特に生活困難層の子どもに少人数学級の効果が顕著だという結果が示されています。

これまでずっと進まなかった法改正に対し、すでに多くの自治体は「少人数加配」などの文科省の既存制度を利用して実質的な少人数学級を実現してきていました。例えば鳥取県、島根県、徳島県など複数の自治体は「36人学級」はすでにゼロ（２０１９年調査）であり、国や県の加配制度を利用して、とにかく担任を配置してきた実態が見られます。逆に埼玉県や東京都では今も多くの「36人以上学級」が存在します。しかし学級数に合わせて担任だけ数合わせしても専科教科や副担任など余裕のある教育活動に充てる数は増えません。担任が多忙になりきつい現場になってしまうケースも生まれてきました。今回、法改正によりナショナルミニマムが改善されたことによって、独自の裁量で少人数学級を実現させてきた自治体は、一層の安定的な拡充を図ることができます。

また、東京都は突出した教員人件費を費やしながら、「少人数学級」の保障ではなく「習熟度別学習」、算数・英語といった特定教科の「少人数指導」、それも多くのパートタイム教師、非正規雇用、さらには民営化につながる無免許補助スタッフを用いた独自の方針としてきました。そこには、競争的環境や大きな学級をよしとする考え方が流れているようです。大集団で「切磋琢磨」されて子どもは育つ、という科学的根拠のない俗説も、東京のみならず各地で多用されてきました。「少人数学級」の実現により、今後学校の「統廃合基準」も見直されていくべきではないでしょうか。

この「少人数学級の実現」やその先に行われるかもしれない地域の「小規模校の存続」などはまさに、アメリカにおいて社会正義をめざす教員組合が「Common Goods」として地域のために勝ち取るべき内容としたものです。

大企業が活動しやすいように地域を再編し、グローバル社会の中での「人材養成」に教育を特化していくことが新自由主義的な改革だとしたら、まさにそれに対する共同の対抗軸を形成していくことが求められます。シカゴ教員組合の学校再開をめぐる紛争と獲得したもの中に、社会正義的組合主義の真骨頂をみることができます。しかしその獲得も、そしてまた日本の「少人数学級」も、長年の運動、研究の蓄積があったからこその実現であり、コロナで急に獲得できたわけではないことは確かでしょう。

参考・引用文献

1　ハイブリッド授業には、対面とリモート授業を選択させるタイプ、教師が教室授業とリモート授業を同時に行うタイプ、教師が教室でする授業を生徒が時間割に合わせ家で受けるタイプなど様々なものがある。

2　Laura Meckler: Nearly half of schools are open full-time survey finds: Source/ Institute of Education Science, Washington Post 2021.3.24.

3　山崎精一訳『教育労働者の声～「コロナ禍」安全になるまで授業しない』アレクサンドラ・ブラッドベリ（レイバーノーツ編集長）（２０２０年９月18日）Labor Notes　10月号翻訳記事をレイバーネット日本ＨＰに掲載したもの（http://www.labornetjp.org/news/2020/1001us）。

4　Labor Notes：ibid.

5　労働政策研究・研修機構「失業保険の特例・加算措置を継続・再開―コロナ危機の追加経済対策」２０２１年１月（https://www.jil.go.jp/foreign/jihou/2021/01/usa_01.html　２０２１年５月25日最終閲覧）。

6　Alexandra Bradbury Samantha Winslow: It's (Way Past) Time to Redistribute Obscene Police Budgets to Schools, Hospitals, and Buses, 2020.6 Labor Notes.（https://labornotes.org/2020/06/its-way-past-time-redistribute-obscene-police-budgets-schools-hospitals-and-buses　2021年４月26日最終閲覧）

7　デニス・コスス、山崎精一訳「米国労働運動：シカゴの労働組合が警察予算の削減と国民皆保険の予算化を要求」レイバーネット８月号　２０２０年８月。

8　Alexandra Bradbury, Mark Brenner, Jenny Brown, Jane Slaughter, Samantha Winslow: How to Jump-start Your Union Lesson from the Chicago Teachers: 2014 Labor Notes. pp.13-pp.28.

9　Evel.L.Ewing: Ghosts in the Schoolyard Racism and School Closings on Chicago's South Side: 2018 University of Chicago press 等に詳しく紹介されている。

10　Building Class Power by Fighting for the Common Good; Portside Material of interest to People on left（https://www.bargainingforthecommongood.org/about/　２０２１年４月26日最終閲覧）。

11　Barbara Madeloni, "Educators Demand Virtual Schools as 'Least Bad' Safe option" Labor Notes 2020.8.17.（https://labornotes.org/2020/08/educators-demand-virtual-schools-least-bad-safe-option　２０２１年５月31日最終閲覧）

12　シンディ・ファーオク氏への Zoom によるヒアリング調査、２０２１年１月19日実施。

13　国際労働財団メールマガジン（２０２０年９月14日）「アメリカでのコロナ感染からの学校再開を巡る教員組合の動きと批判」（https://www.jilaf.or.jp/mbn/2020/607.html　２０２１年５月31日最終閲覧）

14　２０２１年５月27日時点においてシカゴ市公立学校で対面授業に戻っている生徒の割合は約30％である（サラ・チャンバース氏へのメールによる質問への回答より）。

15　世取山洋介「日本政府によるコロナ禍対策の子どもの権利に基づく中間的総括（私案）」子どもの権利条約市民・ＮＧＯ報告書を作る会」通信、２０２１年１月号。

編著者

朝岡幸彦（あさおか ゆきひこ）　東京農工大学教授
日本環境教育学会会長
自治体問題研究所理事

山本由美（やまもと ゆみ）　和光大学教授
東京自治問題研究所理事長

著者

池上洋通（いけがみ ひろみち）　NPO法人多摩住民自治研究所理事
栃木県立衛生福祉大学校保健学科非常勤講師
日本社会教育学会

伊東静一（いとう せいいち）　東京学芸大学非常勤講師
元福生市公民館長

呉服淳二郎（くれは じゅんじろう）奈良市教育委員会教育部奈良市立北部図書館主任

辻　英之（つじ ひでゆき）　NPO法人グリーンウッド自然体験教育センター
代表理事
泰阜村総合戦略推進官
公益社団法人日本環境教育フォーラム（JEEF）理事

「学び」をとめない自治体の教育行政
［コロナと自治体　5］

2021年7月5日　　初版第1刷発行

編著者　朝岡幸彦・山本由美

発行者　長平　弘

発行所　株式会社 自治体研究社
〒162-8512 東京都新宿区矢来町123 矢来ビル4F
TEL：03·3235·5941／FAX：03·3235·5933
http://www.jichiken.jp/
E-Mail：info@jichiken.jp

ISBN978-4-88037-725-4 C0036

印刷所・製本所：モリモト印刷株式会社
DTP：赤塚　修